Sternenkarren

Auf den Spuren Gottes durchs Leben ziehen

Marcus A. Friedrich

Sternenkarren

Auf den Spuren Gottes
durchs Leben ziehen

Mit einem Vorwort
von Fulbert Steffensky

echter

für
Daniela,
David und Michel

Inhalt

Vorwort

Fulbert Steffensky

Wenn ich am Morgen mein Radio einschalte und meditative Text höre oder wenn ich sie lese, weiß ich meistens nach wenigen Sätzen, dass da ein Theologe oder eine Theologin spricht oder geschrieben hat. Ich erkenne es an der Stimme, die meistens getragen und leicht depressiv gefärbt ist. Ich erkenne es natürlich an den behandelten Gegenständen. Ich erkenne es an der Sprache mit ihren Signalwörtern: Sünde, Schuld, Vergebung, Freude, Friede und ähnlichen. Dagegen ist nichts zu sagen. Jede Gruppe hat ihre eigene Redeweise, auch die Juristen oder Pädagoginnen, die Ärzte und die Psychologinnen. Es ist erwartbar, was und wie sie etwas sagen. Allerdings sind solche Sprachen oft wenig spannend. Sie überraschen nicht, man erwartet sie.

Die Sprache von Marcus Friedrich ist nicht beim ersten Hören oder beim ersten Blick einzuordnen. Sie ist leichtfüßig, keck, spielerisch, ohne dass die Themen verspielt werden. Sie ist wildwüchsig und gelegentlich liebenswürdig respektlos. Diese Meditationen wuchern weit über die strengen Grenzen der eigentlichen theologischen Gegenstände hinaus. Alles kann zum Thema einer überraschenden Betrachtung werden: der Karneval, der Nikolaus, die Raunächte, die Kaffeepause und der Zirkus. Der Autor wildert vergnügt und unbekümmert in allen möglichen Bezirken des profanen Lebens. Er wildert auch über die Grenzen der christlichen Erzählungen hinaus, er sucht nach der Wahrheit bei der islamischen Mystikerin, bei dem Gründer der Sikhs und bei Lao Tse; er sucht sie bei Marie Luise Kaschnitz.

Er kann in diesen fremden Revieren wildern, weil er sein eigenes Revier gut kennt – die Bibel und die christliche Tradition. Gelegentlich trifft man ja auf Theologen und Theologinnen, die fahnenflüchtig vor der eigenen Tradition sind, aber alles wundervoll finden, was jenseits der Grenzen des Eigenen zu finden ist. Marcus Friedrich überschreitet Grenzen und er kennt seine Grenzen; sein eigenes Land mit seinen eigenen Schönheiten. Er spricht über den Segen, über Passion und Ostern, über das Gebet und die Eucharistie. Aber er rezitiert nicht nur Theologien. Er weiß, dass man Texte nur dann richtig auslegt, wenn man etwas in sie hineinlegt und etwas vom eigenen Leben hineinliest. Das heißt die Bibel heimholen in die Regionen und in den Dialekt unseres eigenen Lebens, ohne sie zu verraten. Die biblischen Geschichten werden gesäuert mit Begebenheiten des realen Lebens, die Geschichten des menschlichen Lebens gesäuert mit biblischer Erinnerung. So bleibt die Bibel nicht stumm, und das reale Leben wird lesbar. Wer diese

Texte liest, spürt, dass sie lesbar sind, ohne banal zu sein; dass sie erzählbar sind, ohne dass der Inhalt unter der reinen Fabulierlust verschwindet.

Fulbert Steffensky

Vorwort

Marcus Ansgar Friedrich

„Binde deinen Karren an einen Stern!", so sagte das italienische Universalgenie Leonardo da Vinci vor langer Zeit. Lass dich vom Himmel durchs Leben ziehen, so übersetze ich diese bildhafte Aufforderung heute. Wie Gottes himmlische Kräfte Zugkräfte für das menschliche Leben sein können, davon erzählen die vorliegenden Geschichten und Texte. Sie beschreiben gemeinsame Karrenfahrten in den christlichen Traditionen des Kirchenjahrs einerseits und lesen Gottes Wagenspuren in den alltäglichen Erlebnissen und Gesten der Menschen andererseits. Ein großer Reichtum zeigt sich, wenn man nur erst wagt, im Kleinen nach dem Großen zu fragen – und im Großen das Kleine zu entdecken.

„Ich will deine Texte nachlesen können", forderte mich eine Südtirolerin aus meiner Gemeinde in Bozen vor etwa zwei Jahren auf. „Binde deinen Karren an einen Stern und mach ein Buch daraus!" Mehr als 120-mal hatte ich in den letzten sieben Jahren um zehn vor sieben auf RAI Südtirol Menschen erreicht, die irgendwo in den zerklüfteten Tälern der Dolomiten lebten. Selbst auf entlegenen Almhütten konnte es sein, dass man mich darauf ansprach: „Sind Sie Pastor Friedrich? Ich habe

Sie an ihrer Stimme erkannt." Ich bin der Radioredaktion der RAI Südtirol dankbar, dass sie mir diese gute Möglichkeit eingeräumt hat, Glaubensgedanken unter viele Menschen zu bringen. Das war der Anfang. Inzwischen habe ich gefeilt, sortiert, umgeschrieben und neu komponiert und dieses Handbüchlein christlicher Lebenskunst zusammengestellt.

Viele der Geschichten wären nicht so entstanden ohne die Arbeit in meinem damaligen „Basislager", der evangelisch lutherischen Gemeinde Bozen. Unsere gemeinsamen Fahrten im Sternenkarren, unser Weg auf Gottes Spuren über schönes und schwieriges Terrain ist unvergessen und Inspiration für viele Texte. Mein sonntägliches Karren-Fahrtraining auf der Kanzel, die geschätzten Mitmenschen vor Augen, hat mich auch zu dem Erzähler gemacht, der ich bin. Dass der Kirchenvorstand der Gemeinde und Pfarrer Michael Jäger mich nun auch bei der Drucklegung unterstützen, freut mich sehr.

Das Leben in Südtirol war auch von dichten Begegnungen einer evangelischen Diasporagemeinde mit der katholischen Kirche geprägt. Das spiegelt sich auch in den Themen, wollten wir als gemischte Autoren von „Auf ein Wort" doch immer davon ausgehen, dass die große Mehrheit der Hörenden entweder katholisch oder gar glaubensdistanziert war. Es war ein großes Freude, zu erfahren, wie sehr das gemeinsame Anliegen um das Evangelium von Jesus Christus die Konfessionen eint. Ich danke der Diözese Bozen/Brixen und stellvertretend dem Generalvikar Eugen Rungaldier, dass sie die Drucklegung des Buches ebenfalls unterstützt.

Nunmehr (2018) als wandernder Teil des Gottesvolkes in den Norden zurückgekehrt, erzählt uns nicht nur das Meer neue alte Glaubensgeschichten. Ich freue mich an neuen Zuhörenden beim NDR und in der Gemeinde der Nikolaikirche in Flensburg. Ich danke an dieser Stelle ebenfalls der Landeskirche mit der längsten Küstenlinie, der Nordkirche, stellvertretend Oberkirchenrat Dr. Thomas Schaack, für die Unterstützung der Drucklegung.

Ein Buch ist das geistige Slowfood im Tempodrom der Medien. Auch der optische Eindruck (er)-zählt. Caroline von Pflug teilte südlichen Lebensraum und teilt mit mir kreative Flausen auf dem Sternenkarren. So hat sie dankenswerterweise auch die Illustrationen dieses Buches gestaltet, auf dass die Lesenden auch in den Bildern lesen können.

Carsten Bodinus, meinem Freund und kritischen Leser des Manuskriptes, will ich danken für wichtige Anregungen und Korrekturen, auf der letzten Strecke in Bozen eingeflüstert. Dem Echter Verlag und Lektor Heribert Handwerk sage ich Dank für die Würdigung der Texte, die darin zum Ausdruck kommt, dass sie nun als Buch vorliegen. Bücher zu machen über Gott und die Menschen ist in diesen Zeiten an sich schon etwas Verwegenes!

Über das Vorwort von Fulbert Steffensky freue ich mich besonders, ist er mir doch seit meinem Studium oft geistig und manchmal physisch anwesender Lehrer darin, Schätze unserer christlichen Tradition zu heben und sie in einfacher, klarer und schöner Sprache zeitgenössisch zu entfalten. Zwischenzeitlich haben wir gemeinsam andere in Wahrnehmung und Sprache des Glaubens weitergebildet – auch in Südtirol. Das war wunderbar.

Genug der Dankesworte! Nun aber hineinblättern und „loslesen", von vorne, von hinten, in der Mitte, mit und ohne Inhaltsverzeichnis.

Viel Freude dabei!

Marcus Ansgar Friedrich
Flensburg, im Mai 2018

SINGEN

Gott ist mein Lied

Glaube ohne Lieder, das ist kaum vorstellbar. In allen Weltreligionen wird dort, wo gebetet wird, auch gesungen. Mir sind die Lieder am kostbarsten, wenn ich mit meinen Worten am Ende bin. Wenn es überhaupt schwer ist, etwas Tragendes zu sagen. Bei besonders tragischen Beerdigungen zum Beispiel. Zur Beerdigung singen? Die Angehörigen sind schon im Trauergespräch skeptisch. „Wir sind doch keine guten Sänger in unserer Familie, wir kennen die Lieder auch gar nicht. Wir wissen nicht, ob wir dann in der Verfassung sein werden, singen zu können." „Wir werden es trotzdem miteinander probieren", bleibe ich dabei, „und wenn Sie nur mitsummen oder mitlesen."

Wenn es dann so weit ist, erlebe ich manche Überraschung. An „Großer Gott, wir loben dich" konnten sie sich also doch erinnern. Die, die so kleinlaut war im Trauergespräch, ist plötzlich kräftig zu hören. Und während wir dieses Lied mit den doch so positiven Botschaften der Wirklichkeit des Todes entgegensetzen, können auch endlich Tränen fließen.

Ich glaube, dass im Lied Loslassen möglich ist, weil das Lied Halt gibt – wie der Arm eines guten Freundes, der die Schulter umfasst. Loslassen ist möglich, weil das Lied Wärme gibt wie der warme Mantel, den man uns umhängt. Diese Erfahrung ist auch gebunden in dem wunderbaren Satz des Psalmsängers aus der Bibel. Er ist mir beim Nachdenken über das Lied zur Mitte geworden: „Meine Stärke und mein Lied ist der HErr" (Ps 118,14). Wer ist Gott? Wo ist Gott? Gott ist meine Stärke und mein Lied. Gott ist mein Lied, sein Lied, ihr Lied, unser Lied. Der Melodie also auf die Spur kommen: Gott ist dein Lied!

Miriam singt

Musik – was wären wir ohne Musik? Fast noch im Schlaf gehe ich morgens in die Küche und schalte das Radio ein. Stimmen, Musik, Leben. Der Tag beginnt. Wie hat nur diese Maschine unsere Welt verändert? Während man damals die Stimme erheben musste, während man singen, spielen, pfeifen musste, um die Luft zum Klingen zu bringen, ist Musik heute immer und überall zur Verfügung. Individuelle Musik und Musik, die Menschen miteinander verbindet.

Weil Musik seit allen Zeiten schon durchhält, nimmt man auch an, ein Lied sei eines der ältesten Stücke des Ersten Testamentes: ein Lied der Miriam, der Schwester des Mose. Es steht nicht etwa am Anfang der Bibel, aber es steht am Anfang der Freiheit. Die Israeliten waren aus der Sklaverei entflohen. Das Schilfmeer hatte Gott geöffnet und wieder geschlossen und das Volk Israel von den Verfolgern, den Herren aus Ägypten, abgeschnitten, so erzählt die biblische Legende. Da freuten sich die Menschen so ausgelassen, dass sie zu singen und zu musizieren anfingen. Genauer gesagt: Eine fing an zu musizieren und die anderen sangen, spielten und tanzten mit. Miriam, so heißt es, schlug auf die Pauke, sie tanzte und sang: „Groß ist der HErr, Ross und Reiter stieß er ins Meer."

Ich will mich nicht in dem Gedanken verfangen, ob es gut ist, Schadenfreude in ein Lied hineinzudichten, wenn ich das höre: Groß ist der HErr, Ross und Reiter stieß er ins Meer. Dieses Lied war einfach ein Lied, das vom Glück der Freiheit von den Unterdrückern sang, gespeist aus der Dankbarkeit über die Errettung.

Wenn wir bewegt, wenn wir dankbar oder erleichtert sind, dann fangen wir Menschen an, Lieder zu singen. Und andere teilen unsere innere Bewegung, singen mit oder hören zu. Ganz Menschen sind wir dann, ganz Gottes Geschöpfe.

Bewegende Musik

Die Bibel kennt einen berühmten Musiktherapeuten. Es ist David, der spätere König David. Als bedeutungsloser Ziegenhirte fristete er zunächst sein Dasein. Alle anderen Söhne hatte sein Vater dem Propheten Samuel zur Königssalbung angeboten, tolle, stattliche Kerle. Aber auf keinem lag die Gnade Gottes. „Nein, der ist es nicht. Nein, der ist es auch nicht!", musste Samuel immer wiederholen. „Habt ihr nicht noch einen?" „Ja, da draußen auf dem Felde den Taugenichts David. Der hat nichts als seine Musik im Sinn und schnitzt unentwegt Weideflöten." „Den holt mir her." David, der Musikus, wird schließlich zum König gesalbt. Heimlich, ohne Sauls, des Amtierenden, Wissen. „Der Mensch sieht, was vor Augen ist, Gott aber sieht das Herz an", sagt Samuel noch, und gießt das Salböl über sein Haupt. Musik und Herzensbildung gehören zusammen, das wussten schon die Alten. Der Mensch sieht was vor Augen ist, Gott aber sieht das Herz an, das gute Herz Davids.

Wie es die Fügung so will, landet David am Hofe Sauls. Er wird herbeigerufen, weil Saul von einem bösen Geist heimgesucht wird, man könnte auch heute sagen, von Trübsinn, Depressionen. Immer aber, wenn David für ihn auf seiner Laute spielte, wich der Trauergeist.

Ein guter Musiktherapeut heute, mag man einwenden, hätte den König Saul selbst an ein Instrument gesetzt, hätte ihn aufgefordert, seinem inneren Klang Ausdruck zu verleihen. Das ist wohl richtig. Richtig ist aber auch: Wir können die Gefühlsbewegungen eines Stückes, eines Liedes auch schon teilen, wenn wir es nur hören. Das berühmte Gänsehautgefühl bei berührender Musik kann einen ergreifen. Musik kann Heiterkeit in sich tragen, wenn sie frisch ist, sie kann Traurigkeit verstärken, wenn sie melancholisch ist. Den Gegenbeweis gibt es auch, Musik lässt nicht kalt: Wer hat noch nicht das Radio ausgedreht, wenn das, was lief, so gar nicht der Gefühlslage entsprach?

In Liedern beten

In den dunklen Keller, durch den abendlichen Wald mit einem Lied auf den Lippen oder laut gepfiffen – Lebensbewältigung in Kindertagen.

Der große Sänger der Finsternis aus biblischen Zusammenhängen ist Jona. Eine verrückte Geschichte: Weil Jona nicht als Prophet Gottes auftreten und den Menschen aus Ninive die Leviten lesen will, versucht er mit einem Schiff zu flüchten. Aber Gott ist bekanntlich allgegenwärtig. Als Gott einen Sturm schickt, erkennt Jona den Hintergrund bald und überzeugt seine Mannschaft: „Werft mich über Bord, dann werdet ihr gerettet."

Gesagt, getan. Der Sturm legt sich, Jona sinkt und wird vom Wal verschlungen. Man muss, um die Walphantasie zu verstehen, wissen, dass die Menschen damals das Meer und seine Ungeheuer fürchteten. Das Meer war im damaligen Weltbild wirklich ein todbringendes Chaosreich und darin der Wal der Leviatan, der Chaosdrache. Ein solcher Drache kommt prompt zum Einsatz: Haps!

Zu diesem naiven Weltbild gehörte dann auch, dass man sich ein lebendiges Dasein im Bauch eines Meeresungeheuers vorstellen konnte. Und was macht Jona da, wie stemmt er sich gegen sein Ende in der absoluten Finsternis, doppelt abgeschirmt von Tiefe und Bauchdecke? Er singt. Er singt einen Psalm: „Aus der Tiefe rufe ich, HErr, zu dir, erhöre mein Flehen" (Ps 130,1f).

Es ist wohl kein Zufall, dass das Lied neben dem Sprechen die häufigste Gestalt des Gebetes ist. Wenn wir das Lied vor Gott bringen, trägt es manchmal seine Antwort schon in sich, Geborgenheit und Beziehung, selbst wenn es um uns herum einsam und stockfinster ist. Dafür ist es sehr gut, Lieder zu kennen oder sich eins zusammenzureimen. Glaubenslieder sind unsere Schätze gegen die Angst.

Oh, happy day!

„Oh, happy day", wünschen sich die Brautpaare immer wieder zu ihren kirchlichen Trauungen. Manchmal wünschte ich mir, das Paar würde den Text bewusst noch etwas weiter hören: „Oh happy day, when Jesus washed my sins away" – Glücklicher Tag, als Jesus meine Sünden fortwusch. „Oh, happy day" ist eigentlich ein Karfreitagslied. Darüber, ob das so im Zentrum der Trauung steht, müsste man sich eigentlich mal unterhalten. Muss man verstehen, was man singt? Oft rauschen Liedtexte, insbesondere in einer anderen Sprache, fix an uns vorbei. Worum es geht, das leiten wir dann eher von der Musik und dem Rhythmus und der Energie ab. „Wir finden das einfach schön", heißt es dann schnell bei den Brautpaaren.

Ich glaube, man kann genauer sagen, was daran schön ist. „Oh, happy day" ist ein Gospel. Und Gospel sind Lieder, die die Sklaven in den Südstaaten der USA entwickelt haben, um miteinander zu kommunizieren. Sprechen war ihnen verboten auf den Feldern bei der Arbeit, deswegen begannen sie, im sogenannten Call and Response, in Frage und Antwort, zu singen. In diesem Wechselspiel stärkten sie einander im Glauben und im Hoffen auf die Freiheit und prägten einen völlig neuen, eigenen Musikstil, Ursprung des Spiritual, des Soul und des Jazz.

„I am goin' to lay down my burden, down by the river-side" – Ich werde meine Last unten am Flussufer ablegen. So spielten die schwarzen Sklaven auch auf die Befreiung der Israeliten aus dem Exil in Babylon an. Und wieder lockte im Lied die Freiheit.

„Oh, happy day" erzählt auch von einer Befreiung. Christus spricht uns frei von unserem Versagen und unseren Unzulänglichkeiten, in einem alten Wort: von unseren Sünden. Das brauchen gerade die, die sich lieben: Hochzeitspaare. Wiegt nicht die Verletzung dort, wo ich liebe, besonders schwer? Wir dürfen aber immer wieder neu beginnen, Gottes Liebe ist größer. Immer wieder Neubeginn, das ist nötig, gerade dann, wenn man versucht, ein Leben lang zusammenzubleiben. Also doch: „Oh, happy day" zur Trauung.

Gewaltiges Lied

Die Kräfte im Lied sind unbändig, manchmal sind es verführerische Kräfte. Von der Minne des Mittelalters bis zu den Superstar-Shows heute versuchen Menschen, andere Menschen durch ihre Lieder zu beeindrucken und für sich einzunehmen. Immer wieder kann man erleben, wie Sänger gleichsam auf der Bühne wachsen, wie sie zu großartigen Gestalten werden und wie sie dann schrumpfen, wenn sie wieder hinabkommen, sozusagen auf den Boden der Tatsachen. Waren sie nicht eben noch beeindruckend, wohlklingend und schön gewesen? Und tun jetzt so profane Dinge wie essen und trinken.

Diese Anziehung und das Spiel mit den Gefühlen vor allem der Liebe bei den Zuhörern ist das Geheimnis der Idole. Die Kraft des Liedes ist in der Hinsicht sehr stark. Heute fallen Menschen in Ohnmacht vor ihren Idolen auf großen Bühnen. Dereinst hat sich Odysseus an den Mast binden lassen, um dem Gesang der Sirenen widerstehen zu können.

Sicher, es ist auch etwas Schönes darin, sich zu begeistern, ganz zu verschmelzen mit dem anderen und mit der Masse in einem Lied, solange wir das Bewusstsein dafür nicht verlieren, dass wir in solchen Momenten höchst manipulierbar sind. Und das ist gar nicht so einfach.

In dem Zusammenhang ist Folgendes sehr aufschlussreich: Im Jahre 2008 hat der internationale Gerichtshof in Den Haag zum ersten Mal einen Sänger wegen Verletzung der Menschenrechte verurteilt. Simon Bikindi, einer der populärsten Sänger Ruandas, hatte in seinen Liedern Hass gegenüber den Tutsi geschürt und so zum Völkermord beigetragen. 800.000 Tutsi wurden grausam ermordet. Bikindi wurde vom Gericht für mitschuldig befunden und erhielt eine 15-jährige Haftstrafe. Die alten Griechen hatten schon Recht: Das Lied der Sirenen, die ins Unheil verführen, kann unglaublich stark sein.

ADVENT

Bräuche gebrauchen

Brauchen wir Bräuche? Ja. Ich will Adventsbräuche in Erinnerung rufen und beschreiben, was diese Bräuche uns Gutes tun, worin ihre Schönheit und Wahrheit liegt.

Als ich begann, über die Adventsbräuche nachzudenken, bin ich über das kurze Wort „Brauch" gestolpert. „Das ist bei uns so Brauch!", sagt man ja, oder: „Das ist gebräuchlich". Ich stutze: Werden mit Brauch nicht vor allem die Dinge bezeichnet, die man gerade nicht im engeren Sinne nötig hat? Sind Bräuche nicht vor allem die Gesten, Sätze und Handlungen, die vordergründig überflüssig scheinen? Ich nenne nur ein paar, die uns auch in dieser Adventszeit wieder beschäftigen werden und die so richtig schön nutzlos und überflüssig sind: Adventskranz, Nikolausstiefel, Adventskalender, Mistelzweig. Alles nicht sonderlich nützlich

im ersten Moment, aber offensichtlich doch sehr gut
zu gebrauchen.

Und doch: Im Wort „Brauch" steckt die Einsicht, dass
wir Menschen all diese scheinbar überflüssigen Dinge
und Handlungen sehr wohl gebrauchen können. Wir
brauchen sie, um im fließenden Strom unserer Zeit und
im ständigen Wechsel von Höhen und Tiefen des Lebens, von Erfolgen und Niederlagen etwas zu tun, das
wiederkehrt. Wir erleben, dass wir etwas überliefertes
vorfinden, dass etwas bleibt. So sagt mir der Adventskranz: Jetzt ist Advent, jetzt gehen wir auf Weihnachten
zu, es gibt ein Licht am Ende des Tunnels, viele Lichter.
Das haben schon Generationen vor mir so gesehen. Ich
darf es auch entdecken. Die Gleichzeitigkeit der Wie-
derholung kommt der Unendlichkeit nahe.

Ein Familienvater liegt schwer verletzt im Krankenhaus
in diesen Tagen. Seine Jungs, acht und zehn, leiden,
seine Frau ist am Rande ihrer Kräfte. Zwei Frauen aus
unserer Gemeinde sind losgegangen, einen Adventskalender für die Familie zu befüllen und ihn für sie auf-
zuhängen, jeden Tag eine kleine Überraschung: Jetzt
erstrecht. Wie gut, dass es Bräuche gibt!

Umkehren

Adventszeit ist eigentlich Bußzeit, Zeit des Fastens und der Rückbesinnung auf das Wesentliche. Merkwürdig, dass der Eindruck entsteht, unser tatsächliches Tun laufe dem derart entgegen wie zu keiner Zeit im Jahr sonst. Die Fragen, die uns vorantreiben, kommen alle Jahre wieder: Hast du schon an alle Geschenke gedacht? Hast du alle Leckereien für's Fest zusammen? Hast du schon diese Kekse probiert? Sind die Pakete zur Post gebracht? Und so weiter, und so weiter.

Der Impuls, zum Beispiel einem anderen durch ein Geschenk die innige Freundschaft und Liebe zu zeigen, kehrt sich zuweilen um in den berühmten Weihnachtsstress. Denn es bleibt ja nicht bei der einen kleinen Aufmerksamkeit. Die tägliche Arbeit geht dabei weiter. Das Jahr muss abgeschlossen werden. Eigentlich verwundert es nicht, dass es auch im Berufsleben dadurch richtig hart wird.

Die bäuerliche Gesellschaft hatte in den Monaten des Winterschlafes in der Natur weniger zu tun als im Sommer und mehr Muße, sich auf das Weihnachtsfest vorzubereiten. Unsere moderne Gesellschaft hingegen scheint im Advent um ihr Leben zu rennen.

Buße heißt eigentlich im Griechischen Metanoia, Umkehr, Rückkehr zum Wesentlichen. Fordern uns die Propheten auf, Buße zu tun, so sagen sie: Dreh um! Aber wohin? Ich würde sagen: zurück auf den Stuhl, von dem du gerade aufgesprungen bist unter Zeitdruck. Zurück ins Gespräch, das du plötzlich abgebrochen hast. Den Moment länger am Frühstückstisch mit den Deinen, auch wenn du dafür etwas früher aufstehen musst. Den Moment zurück in die Kirchenbank, bevor du ins Parkhaus gehst, auch wenn die Hände voller Taschen sind. Mit Gott reden oder einfach nur hören in der Stille, was er dir sagt. Das könnte Umkehr sein.

Adventskranz

Adventskränze oder Adventsgestecke mit vier Kerzen schmücken die Tische auf dem Weg nach Weihnachten. Ich möchte aus der Geschichte des Adventskranzes erzählen. Dieser schöne Brauch ist eigentlich ein evangelischer Botschafter. Im Zuge der industriellen Revolution in Deutschland in der Mitte des 19. Jahrhunderts kam es in den großen Städten immer mehr zu Kinderarmut, es gab Waisenkinder und andere notleidende junge Menschen. Sie wurden in der Gesellschaft nicht mehr ausreichend versorgt. Da gründete der evangelische Pfarrer Hinrich Wichern in Hamburg aus christlicher Überzeugung ein Kinderheim, das sogenannte Rauhe Haus. Es steht bis heute als große diakonische Einrichtung.

Wichern war auch Pädagoge und fragte sich: Wie kann ich den Kindern das Licht Christi verdeutlichen, das mit jedem Schritt auf Weihnachten zu heller wird? Er nahm ein Wagenrad und befestigte darauf 24 Kerzen, darunter vier dicke für die Sonntage. Jeden Morgen durfte nun ein Kind eine weitere Kerze anzünden, bis an Heilig Abend alle 24 brannten. So entstand der Adventskranz.

Die Kinder hatten nur das Nötigste zum Leben. Nun hatten sie noch mehr, sie hatten jeden Morgen eine kleine, besondere Feier. Sie versicherten sich mit jedem Schritt, dass ihre Wurzeln im Himmel sind, so sehr sie auch ohne Wurzeln auf Erden waren.

Vielen Menschen leuchtete das ein. 1925 hing der erste Adventskranz in einer katholischen Kirche in Köln. Heute werden auch in Südtirol eifrig Adventskränze gebunden und deren Kerzen entzündet.

Wer einmal einen Eindruck vom Original bekommen will, besorge sich ein altes Wagenrad und bringe 24 Kerzen darauf an. Ein solcher Adventskranz hat wirklich Gewicht.

Barbara

Das Leben ist oft kein Gedicht, aber Gedichte kann man wirklich nicht wegdenken aus der Adventszeit. Niemals sonst im Jahre ist es Brauch, so viele Sinnsprüche und Verslein, überlieferte Gedichte und neu erfundene Worte zu verteilen, zu lesen oder aufzusagen. Ein Gedicht zum 4. Dezember, dem Barbara-Tag:

Geh in den Garten
am Barbaratag.
Gehe zum kahlen
Kirschbaum und sag:

Kurz ist der Tag,
grau ist die Zeit.
Der Winter beginnt,
der Frühling ist weit.

Doch in drei Wochen,
da wird es geschehn:
Wir feiern ein Fest,
wie der Frühling so schön.

Baum, einen Zweig
gib du mir von dir.
Ist er auch kahl,
ich nehm ihn mit mir.

Und er wird blühen
in seliger Pracht,
mitten im Winter
in der heiligen Nacht.*

Ein Zweig hatte sich in Barbaras Kleid verfangen, als sie, von ihrem eigenen Vater wegen ihres christlichen Bekenntnisses angeklagt und dann zum Tod verurteilt, den Weg in den dunklen Kerker antrat. Abgeschieden vom Tageslicht, teilte sie das Wasser aus ihrem Becher mit dem Zweig und brachte ihn kurz vor ihrem Tode zum Blühen. Sie starb 306 als Märtyrerin – und wurde Schutzpatronin der Bergleute. In vielen Tunneln im Gebirge oder im Stollen finden wir kleine Nischen, in denen der Barbara gedacht wird. Da waren Bergleute am Werk. Manchmal stehen Kirschzweige in der Vase davor.

Ich werde ein paar Zweige vom Markt mitbringen. Wenn man sie eine Nacht in warmes Wasser legt, hilft man ihnen, das Wunder des Blühens bis Weihnachten auch zu vollbringen. Wie nah doch der Tod und die Schönheit blühenden Lebens beieinander sind, das zeigen diese abgeschnittenen Zweige. Sie blühen zum Christfest.

---

* Aus: Josef Guggenmos, Oh, Verzeihung, sagte die Ameise, © 1990, 2018 Beltz & Gelberg in der Verlagsgruppe Beltz · Weinheim Basel

Nikolaus

Einmal im Jahr putzt man nur einen Schuh. Am 5. Dezember. Stiefel putzen für den Nikolaus. Wer hat gestern Abend seinen Stiefel in die Tür gestellt oder den Teller ans Fenster? Wer ist heute schon an die Schwelle gelaufen, um zu schauen, ob Nikolaus ihn bedacht hat? Wer hat sich schon über eine Mandarine oder eine Kerze, einen Tannenzweig oder eine Schokolade gefreut? Wer wurde von einer Gabe überrascht, obwohl er gerade nichts bereitgestellt hatte?

Nicht viele Erinnerungen gibt es an die Kindheit. Oft ist das, was wir erhaschen, nur noch blass an Eindrücken. Aber das gemeinsame Stiefelputzen mit der Familie sehe ich noch genau vor mir, diese jährlich abnehmende Ungerechtigkeit, was die Schuhgröße anbelangt. Wieso habe ich noch keine Größe 42 wie Papa? Da ginge doch viel mehr rein vom Nikolaus!

Besser kann ich mich erinnern an das Erstaunen meines Sohnes über den angebissenen Proviantkeks für Nikolaus, mit Krümelspur direkt vor der offenen Ofenklappe. Ja, er muss wirklich durch den Schornstein gekommen und wieder verschwunden sein.

Solche traditionellen Geschichten zu pflegen, ja man kann beinahe sagen, zu spielen, macht unglaubliche Freude. Das geht auch, wenn man keine Kinder hat. Im Hintergrund stehen ja die legendären Taten des Bischofs Nikolaus von Myra, der eben nicht seinen Kindern, sondern den drei Töchtern eines armen Mannes drei wunderbare Geschenke gemacht hat, unverhofft und großzügig. Wenn wir ihm heute nacheifern, kann vor allem die Geste zählen, die Gabe an jemanden, der mein Herz rührt. Nicht die Größe des Geschenkes ist wichtig und nicht, dass es die eigenen Kinder sind.

Nikolaus wird heute bestimmt noch unterwegs sein. Sicher auch da, wo man ihn nicht mehr erwartet hatte.

Oh, Tannenbaum

Tannenzweige schmücken unsere Stuben, Mistel-
zweige hängen an den Türen. Die Tannenbäume werden bald wieder aufgestellt. Herrliches Wintergrün an
vielen Orten! Jenes Grün, das auch dann noch pflanz-
liches Leben zeigt, wenn die Natur draußen grau-braun
ist. Große Mengen von Tannengrün werden dafür ge-
züchtet und gewonnen, nur den Bedarf zu decken. Dabei gibt es doch in Mitteleuropa erstaunlich viel Grünes
auch im Winter. Wieso sind wir trotzdem so begeistert
dabei, dies alles auch noch in unsere Wohnungen zu
schaffen?

Sicher, es ist Brauch, und sicher ist der Winter lang und
karg erst recht in den Bergen, das ist das eine. Das andere aber ist, dass das Zeichen wachsenden Grüns unmittelbar einleuchtet. Es erschließt sich die Kraft dieser
Farbe, die für die Energie der wachsenden Natur steht.
Und der Mensch sehnt sich nach diesem Wachsen.
Er weiß, dass er vom Puls der Natur abhängig ist. Er
wünscht sich auch für sich selbst, dass er nach Phasen
der Kraftlosigkeit stets neu grünt. Da ist ein Baum, der
mit seinen Nadeln immer grün ist, ein Lichtblick.

Aus reiner Profitgier zerstören Menschen im großen
Stil die letzten zusammenhängenden Urwälder, die

uns die Luft zum Atmen geben. Aber es gibt auch die, die Hoffnung sähen. Ein Freund, der als junger Mann eine Menge dummes Zeug gemacht hat, forstet seit zehn Jahren auf den Philippinen mit einer unbeirrbaren Ausdauer kahlgeschlagene Wälder auf. Und er gewinnt immer wieder Menschen, die ihm für die nötigen neuen Setzlinge Geld geben. Bestimmt auch, weil sie das Immergrüne zu schätzen wissen.

Wie wäre es, wenn wir für jeden Tannenbaum, den wir in die Stube stellen, einen neuen Baum pflanzen würden?

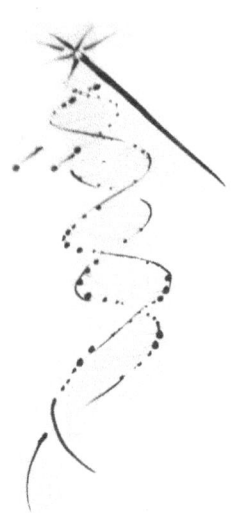

WUNDERN

Staunen

Eine Zirkus-Arena: Akrobaten, die durch die Luft segeln, der Duft von Sägemehl und vor allem viele Kinder. Sie sitzen mit offenen Mündern da, haben den Kopf in den Nacken geworfen und staunen einfach über dieses Wunder, das dort oben unter der Zeltkuppel passiert. Niemand kann wohl besser staunen und sich wundern als Kinder. Gebannt halten sie Ausschau, lachen und erschaudern abwechselnd.

Je älter wir werden, desto mehr scheint uns das Wundern abhanden zu kommen. Das hängt sicher damit zusammen, dass wir viel Ungewöhnliches bereits kennengelernt haben. Außerdem haben wir gelernt, uns so wenig wie möglich aus der Ruhe bringen zu lassen. Das macht uns handlungsfähig in der Welt der abertausend Möglichkeiten. Dabei ist das Wundern und Staunen ein feiner Weg, sich für Gott und die Welt zu begeistern. Es stärkt den Mut und die Zuversicht.

Wenn einer sagt, mich wundert gar nichts mehr, wird es da nicht höchste Zeit, sich wieder einzuüben im Wundern über die kleinen und großen Wunder dieser Welt?

Eine viel unspektakulärere Zirkusfigur gibt uns ein Beispiel dafür, wie man sich wundern kann auch über die alltäglichen Dinge des Lebens. Es ist der Clown, der dumme August, der die Dinge entdeckt wie ein Kind und das Leben lebt, als wäre es das ersten Mal. Wie sagt der Physiklehrer in der Feuerzangenbowle so schön: „Da stellen wir uns jetzt mal janz dumm." Ja, in der Tat, das ist möglich, sich mal wieder dumm zu stellen und zu staunen über den merkwürdigen Zirkus Leben, vielleicht auch zu lachen über das Verwunderliche, wie die Kinder es im Zirkus tun.

Ruhig einmal die Brille des dummen August aufsetzen. Deren Gläser können ins Staunen versetzen über kleine und größere Wunder im Zirkuszelt und in dieser Welt.

Glücksfee

Vor wenigen Wochen hat der Bozner Fahrradtag statt-
gefunden. Über 5000 Menschen haben die für den Au-
toverkehr gesperrte Stadt genossen, viele haben an der
Lotterie von zehn Fahrrädern teilgenommen.

Die Verlosung fand am Abend auf dem Walterplatz statt.
Mein jüngerer Sohn hatte mit vier Losen den Gewinn
eines Rades in Aussicht. Mit neun Jahren ist der kleine
Wunderglaube noch nicht von der Wahrscheinlich-
keitsrechnung eines Erwachsenen geprägt. Deswegen
war er zuversichtlich.

Der Moderator nebst Bürgermeister und Stadträtin in-
szenierte auf der Bühne eine lange Verlosungsprozedur.
Immer wieder holte er nach zwei Losziehungen ein
anderes Kind auf die Bühne, das Glücksfee sein sollte.
Name, Vorstellung, Spannungsaufbau, das könnte auch
schneller gehen, dachte ich so bei mir.

Schließlich kam er zum vorletzten Rad, ein kleines
Mädchen wurde auf die Bühne gehoben. Sie griff in
den Lose-Sack. Das Mädchen reichte dem Moderator
das Los. „Wer hat die folgende Nummer?" Eine Frau
meldete sich. Sie stand schon ganz vorne an der Bühne.
„Das ist meine Mutter", sagte die kleine. Staunen und

Wundern, nicht nur auf der Bühne voller offener Münder. Erst liegt über allem ein Moment der Ruhe, dann brechen Johlen und Klatschen aus. Hab ich richtig verstanden? Die Mutter des Kindes, das gezogen hat? Das gibt es alle paar Jahrhunderte Mal, sagt der Statistiker in mir. Phantastisch, dass wir an diesem wunderbaren Moment teilhaben durften, sagt die Stimme der Lebensfreude. Wie schön ist es, sich so staunend zu wundern.

Mutter und Tochter werden sich sicher ihr Leben lang von diesem wunderbaren Moment erzählen, von diesem Zeichen ihrer ganz besonders innigen Beziehung. Bestimmt sagt sie ihr auch hin und wieder: Du meine kleine Glücksfee!

Vom Kleinen aufs Größte

Manche sagen: Mich wundert nichts mehr. Das glaube ich nicht. Ich finde, es reicht bereits, beim Kleinen anzufangen und immer weiter ins Große zu gehen, dann stellt sich das Wundern beinahe von alleine ein.

Ich sitze hier also auf dem Stuhl am Tisch. Nichts bewegt sich, alles scheint stabil und fest. Dabei dreht sich die Erde um sich selbst, sie saust um die Sonne. Mit unserem Sonnensystem streben das Universum und seine Galaxien in aberwitziger Geschwindigkeit auseinander in eine in Billionen von Lichtjahren zu messende Weite. Wir wissen nicht, ob sie ein Dahinter hat. Manche Wissenschaftler sprechen von Anti-Materie. Errechnen einen Stillstand eines Tages, in dem das All quasi einfriert. Ob wir Menschen dann noch existieren?

Naturwissenschaftler müssen naturgemäß skeptische Zweifler sein. Dass sie damit gleich unreligiös sind, heißt das allerdings keineswegs.

Religion wagt einen Sprung. Ich möchte dazu einladen, einen Gott zu denken und zu glauben, einen höheren Sinn, der alles zusammenhält und zugleich alles überschreitet. Schauen wir nämlich zurück auf unseren kleinen blauen Planeten, diese Insel voller bunten Lebens in Mitten von Geröll, Hitze und Leere im Weltall, dann können wir doch nur staunen darüber, wie genial alles geordnet und geschaffen ist und wie vielschichtig und schön die Gestalt dieses Lebens.

Für uns Menschen gilt: Wir sind da, wir existieren, ja, wir verstehen sogar einen Teil dessen, was die Welt zusammenhält, und sind doch ein Stäubchen, angesichts dieser gigantischen Dimensionen. Der Sänger von Psalm 8 aus dem Ersten Testament schreibt es so: „Wenn ich sehe die Himmel, deiner Hände Werk, Mond und Sterne, die du gemacht hast, was ist der Mensch, dass du seiner gedenkst, und des Menschen Kind, dass du dich seiner annimmst?" Dies verstehende und ahnende Dasein ist schon an sich ein Wunder!

Wunder des ersten Jahres

In diesen Zeiten sind die Menschen fasziniert davon, das Leben technisch nach zu ahmen. Man erfindet androide Roboter, die ja schon kleine maschinelle Wunderwerke sind. Meine Frage ist nur, was das soll und mit welchem Ziel dies geschieht. Ich kann mir nur vorstellen, dass man sich mit dem messen möchte, was wunderbarer nicht sein kann, der Mensch selbst. Dabei ist das doch unmöglich.

Selbst jene, die sich wissenschaftlich mit der Entstehung des Lebens beschäftigen, Biologen, Psychologen, Mediziner, sprechen zum Beispiel vom Wunder des ersten Jahres. Wer ein Kind beim Werden begleiten durfte, kann dies Wunder sicher bezeugen. Wir alle haben als kleines Bündel Mensch das Licht der Welt erblickt. Überrascht von der Last der Schwerkraft, waren wir vollständig auf die Versorgung durch Erwachsene angewiesen. Unser Kopf machte ein Drittel unserer Körpermasse aus, aber ganz vieles konnten wir noch nicht. Nicht richtig schauen, uns nicht koordiniert bewegen, ja, wir hatten nicht einmal eine Idee vom Innen und Außen der Welt. Alles war eins, alles war unser. In diesem ersten Jahr nun wiederum haben wir uns zahlreiche grundlegende Fähigkeiten des Lebens angeeignet, und das in Windeseile. Durch unermüdliches Üben, durch einfache, emotionale Kommunikation und vor allem durch das Wachsen hat sich der Bauplan unser DNS genial entfaltet. Eltern berichten, man könne förmlich zusehen beim Wachstum des Kindes.

Diese wunderbaren Ereignisse, vor, während und nach der Geburt versetzen Eltern immer wieder ins Staunen. Und auch dieses Staunen bewirkt es, dass sie ihr Kind voller Ehrfurcht zur Taufe tragen. Voller Freude bringen sie es Ihm entgegen: Danke Gott, für dieses kleine Wunder! So wächst Glauben auch aus dem Staunen über das Wunder des neuen menschlichen Lebens.

Heilungswunder – manchmal ja!

Gibt es Wunder? Wenn ich uns diese Frage zumute, kann ich mich um Heilungswunder nicht drücken. Ich will es deswegen nicht, weil ich weiß, dass dies wohl jene Wunder sind, nach denen sich die Menschen am ehesten sehnen. Gerade da, wo die wunderbare Medizin an ihre Grenzen gerät. Ganz sicher gibt es Spontanheilungen, die einen staunen lassen. Die Regel sind sie nicht. Und doch: Eine Klinikseelsorgerin erzählte mir, dass sie zu einer Nottaufe eines Frühgeborenen gerufen wurde. Ihm ging es sehr schlecht und die Ärzte rechneten mit seinem Tod. Die Eltern hatten den Wunsch geäußert, es noch taufen zu lassen. Das kann ja übrigens jeder Christ: in einer lebensbedrohlichen Notsituation einen Menschen auf seinen Wunsch hin im Namen des dreifaltigen Gottes taufen. Er kann ihm das Sakrament spenden.

Die Seelsorgerin fragte, wie sie das Kind nennen wollten. Jordan wollten sie es nennen. „Wirklich: Jordan?" Über den Jordan zu gehen, das bezeichnet ja beides, zu sterben und ins Himmelreich einzuziehen. Die Eltern wussten um die Lage ihres Kindes. Die Pfarrerin taufte es auf den Namen Jordan.

Am nächsten Tag hatte sich Jordans Zustand so verbessert, dass die Lebenskurve wieder bergauf zeigte. Medizinisch war nichts Wesentliches verändert worden. Heute ist Jordan ein fröhliches Menschenkind.

Die himmlische Kraft der Heilung ist tatsächlich auch auf solche Weise manchmal wirksam. Wohl aber hätte Jesus dieses Ereignis nicht für seine Beliebtheit ausgeschlachtet, eher hätte er gesagt: „Euer Glaube hat euch geholfen". Vielleicht hätten sich die Eltern unbeholfen gefragt: „Welchen Glauben meint er jetzt?" Vielleicht hätten sie auch geantwortet: „In der Tat, wir haben ganz und gar gehofft und gebetet." Es lässt sich daraus keine spirituelle Regel ableiten. Beschränkt aber wäre es doch, zu sagen, dies war eben der eine statistische Fall, in dem es halt mal wieder besser wurde.

Ich will mich lieber leise mitwundern, dankbar wundern, Gott und dem wunderbaren Leben sei Dank.

Wunderbarer Erfindergeist

Vom Wunder der gigantischen Schöpfung sprechen wir schnell als Gottessucher: „Wenn ich sehe den Himmel, Deiner Hände Werk, Mond und Sterne, die Du gemacht hast, was ist der Mensch, dass Du seiner gedenkst, und des Menschen Kind, dass Du Dich seiner annimmst?", so besingt der Sänger von Psalm 8 seinen Gott. Das Wunder der Schöpfung legt es uns nahe, den wunderbaren Sinn in vielem zu entdecken und anzuerkennen. Gott ist vor allem und zuerst großer Sinn.

Dass wir aber Sinnzusammenhänge überhaupt entdecken können, ist ja seinerseits ein großes Wunder. Diese wunderbare Fähigkeit zum Schöpferischen, zur Kreativität, zur Erfindung, das zeichnet uns Menschen gegenüber allen anderen Lebewesen aus. Auch davon spricht Psalm 8. Eben gleich nach dem „Was ist der Mensch?" folgt: „Du hast den Menschen wenig niedriger gemacht als Gott. Du hast ihn zum Herren gemacht über Deiner Hände Werk."

Bei aller Skepsis gegenüber dem, was wir Fortschritt nennen, wir sollten nicht vergessen, wie wunderbar unsere Fähigkeit zur Erkenntnis ist. Die Freiheit der Gedanken ist etwas Großartiges. Ich kann mir alles Mögliche vorstellen, Überlegungen anstellen und Pläne schmieden. Und der andere kann es wirklich nicht sehen. „Die Gedanken sind frei, wer kann sie erraten!" Niemand wirklich. Aber wir können sehen, dass etwas durch sie geschaffen wird. Etwas entsteht, das vorher noch nie da war, das einmalig ist, erstmalig. Großen Respekt sollten wir haben vor unserer wunderbaren Fähigkeit, die Welt mit zu erschaffen. Ist nicht auch das etwas Erstaunliches?

WEIHNACHTEN

Seele heben

„Und Maria sprach: Meine Seele erhebt den HErrn" (Lk 1,46).

Gefühlsausbrüche – bei Maria wie bei Elisabeth. Von Letzterer wird erzählt, sie sei, als sie auf Maria traf, vom Heiligen Geist erfüllt gewesen und hätte laut gejubelt. Auch zu zweit, genauer, zu viert, kann Feststimmung aufkommen, wenn etwas im Schwange ist. Wir phantasieren Gefühlsausbrüche so oft negativ: Da hat sich jemand nicht unter Kontrolle. Sie können voller Schönheit sein, wenn sie von einer der schönsten Dinge bewirkt werden, die es gibt: in der Hoffnung sein, schwanger sein.

Das Magnifikat, der Lobgesang der Maria, hat sicher auch seinen Anfang in einer empathischen, vor Glück überfließenden Seele: Der Jubel vor Glück findet einen Adressaten, berücksichtigt den Verursacher: Gott. „Meine Seele erhebt den HErrn." Meine Seele macht Gott groß. Meine Seele vergrößert den Himmlischen.

Im Advent und an Weihnachten sind wir geistlich vor allem beschäftigt mit dem Gedanken, dass Gott sich klein macht, erreichbar, menschlich. Die Miniaturkrippe auf dem Reiskorn, niedlich. „Gott gerne klein", wie der Schweizer Pfarrer und Dichter Kurt Marti einmal formulierte, kann darüber zur Kleinigkeit werden, unter „ferner liefen" auf dem Weihnachtsmarkt. Darüber ist dann schnell zu übersehen, was Gott in Jesus Christus ebenso prägt: seine Größe, für den wir ihn hochleben lassen.

In einem Gottesdienst für Große und Kleine warfen wir auf Zuruf mit den Kindern jene Schätze hoch, die wir im Himmel sammeln wollten. Die Engel waren natürlich dabei, der Opa, und schließlich auch: Gott, vom Jüngsten vorgeschlagen.

Eine Mutter schrieb mir: Danke, dass die Kinder Gott gen Himmel werfen durften.

Wieso nicht? Der Jubilar ist doch eben auch so groß für uns, wie wir ihn groß machen. Wer Gott mit einem dreifach „Hoch" hochleben lässt, aus Freude am Guten, wird ihn so schnell nicht wieder vergessen. „Meine Seele erhebet den HErrn."

Es gibt Momente, in denen das Leben sich als ein Fest zeigt. Wenn Gott einlädt zur Neugeburt, dann hat er eine Laudatio verdient und Lobeshymnen. „Wen meinen Sie? – Gott? Ach ja, der! Bei dem war ich auf einem großartigen Fest. Hoch soll er leben!"

Syrien

„Und diese Schätzung war die allererste und geschah zur Zeit, da Quirinius Statthalter in Syrien war" (Lk 2,2).

Dieser unbedeutende Vers, eine geschichtliche Information bergend, tausendfach gelesen und innerlich mitgesprochen, weil man nach Jahren des Weihnachtschristentums die ersten Verse des Evangeliums inwendig beherrscht, diese kleine Zeitangabe könnte erstmals wirkliches Hörstolpern auslösen.

Syrien ist nicht erst in diesem Jahr ein Ort haltloser Gewalt und unbändiger Zerstörung gewesen. Syrien steht für unzählige Menschen auf der Flucht, Menschen auf der Suche nach besseren Lebensbedingungen nach dem Motto der Bremer Stadtmusikanten: „Etwas Besseres als den Tod können wir überall finden."

Der Vers spielt uns auch ein, dass das historische Syrien von kolonialer Fremdbestimmung geprägt war. Der Stadthalter des Römischen Reiches war nicht zimperlich. Das Evangelium spielt uns das Lied des Tyrannentums. Die Einheimischen werden am behördlichen Gängelband gehalten. Flucht steht auch der sogenannten Heiligen Familie in Aussicht.

Die Dramaturgie des Lebens schreibt erschreckend ähnliche Geschichten heute. Die schwangere syrische Frau auf dem Weg nach Mitteleuropa vermeidet die Volkszählung in Italien, damit sie nicht wieder dorthin, ins Einreiseland, abgeschoben werden kann. Das sind bis heute die Regeln von Dublin II, die zahlreiche Kirchenasyle in Deutschland zur Folge haben. Sie will ihr Kind in der Sicherheit Europas zur Welt bringen und findet doch keinen Raum in der Herberge. Ob sie legal oder illegal ist, ist ihr erstmal egal. Hauptsache, das Kind in Sicherheit zur Welt bringen! Der Vater läuft Sturm gegen Windmühlen. Wie viel Engel mögen ihm im Traum begegnet sein?

Das Evangelium erzählt Gottes Menschwerdung in schlimmsten Szenarien, damit auch wirklich alle mit im Boot sind auf dem Weg ins Reich Gottes. Das soll uns Ansporn und Verpflichtung sein, jene, die in Booten auf dem Weg sind, mit Sinn und Augenmaß auf zu nehmen und neu zu beheimaten. Der Anfang eines weitreichenden Wandels Europas als Einwanderungsraum, Not bedingt, ist schon lange gemacht. Wir haben mit in der Hand, wie es geschieht. Jetzt heißt es: Gestalten! Stall oder Herberge oder Hausgemeinschaft?

Weihnachten – offenes Geheimnis

Es ist ein offenes Geheimnis, dass die Öllobby kein Interesse daran hat, an einer ökologischeren Welt zu bauen, und sie eben mal zum Klimagipfel den Ölpreis senkt, um ihre Haltung zu unterstreichen, es herrsche kein Mangel.

Es ist ein offenes Geheimnis, dass Gott zur Welt und genau zu dieser Welt kommen will, um sie zu wandeln und zu heilen, weil er seine Schöpfung, weil er den Menschen liebt.

Es ist ein offenes Geheimnis, dass die türkische Regierung mit dem IS Ölgeschäfte macht und damit deren Waffen finanziert.

Es ist ein offenes Geheimnis, dass Gottes Weg, der Macht des Bösen seine Stirn zu bieten, in einem bedeutungslosen Stall in Bethlehem begann. Mit einem Säugling, der sich nicht wehren konnte.

Es ist ein offenes Geheimnis, dass Deutschland einer der größten Rüstungsexporteure der Welt ist. Menschen ernähren ihre Familien, indem sie Tötungswerkzeuge in Massen zusammenbauen.

Es ist ein offenes Geheimnis, dass Gottes Sohn ein Friedefürst eigener Art wurde, nie die Hand gegen irgendeinen Menschen erhob und niemanden hieß, die Hand gewaltig zu erheben.

Es ist ein offenes Geheimnis, dass unschuldige Menschen kriminalisiert werden, weil ihre Hautfarbe, ihre Religion, ihre Herkunft sie scheinbar verdächtig macht.

Es ist ein offenes Geheimnis, dass Jesu Friedfertigkeit ihm den Tod des sinnlosen Gewaltopfers einbrachte – wie Abertausenden vor ihm und nach ihm.

Es ist ein offenes Geheimnis, dass viele Menschen rund um diesen Erdball mit Angst und Unruhe in die Zukunft schauen und manchen Missstand, für den sie sich mitverantwortlich fühlen, nur zu gerne rückgängig machen würden.

Dass Jesus, der Gesalbte Gottes, den Tod aus den Angeln der Welt gehoben und uns so das unbedingte Leben geschenkt hat. Dass es darum nie zu spät ist, seine Liebe unter uns zu entdecken und zu leben, das ist das größte *offene Geheimnis*.

Raunächte

Die Raunächte zwischen Heilig Abend und dem Fest der Heiligen Dreikönige sind besondere Nächte. Weil so viel Dunkelheit herrschte und zugleich so viel Übergang vom Alten ins Neue zu erleben war nur durch die Wende der Sonne, hatten diese Nächte jahrhundertelang ein besonderes Gewicht. Sie waren die Nächte der Orakel fürs neue Jahr. Auch heute gehen sie nicht spurlos an uns vorüber. In verschiedenen Systemen versuchte man die Zukunft zu lesen, zum Beispiel indem man bestimmte Tage und Stunden dieser Raunächte mit bestimmten Monaten und Stunden im neuen Jahr verband. Wieder zeigt sich darin der menschliche Drang, das zukünftige Leben zu erfassen und zu beherrschen, mindestens jedenfalls Zerstörerisches fernzuhalten. Im Bleigießen zu Silvester ist noch ein Rest davon gegenwärtig.

Ich bin auch davon überzeugt, dass es etwas jenseits der linearen Zeit gibt, in dem Vergangenheit, Gegenwart und Zukunft im Kosmos miteinander verknüpft sind. Ob man allerdings solche Ableitungen herstellen kann, scheint mir fraglich. Vor allem, wenn daraus Zwänge erwachsen, die die Spiritualität des Menschen über Jahrtausende geprägt haben, möchte ich mich lieber an die Freiheit halten, die der Glaube an den einen Schöpfer bereitstellt.

Wie das geht? Eine alte Frau aus meiner ersten Gemeinde zitierte immer Eduard Mörike, wenn sie Frieden mit ihrer ungewissen Zukunft schließen wollte: „Leg alles still in Deine Hände, das Glück, den Schmerz, den Anfang und das Ende." Alles Erlebte des letzten Jahres, die Höhen und Tiefen, Glück und Schmerz, die Abschiede und die Neuanfänge, anschauen und still in seine Hände legen. Dann kann ich auch der Zukunft wieder trauen.

Kinder ziehen lassen

„Und als sie ihn sahen, entsetzten sie sich. Und seine Mutter sprach zu ihm: Mein Sohn, warum hast du das getan? Siehe, dein Vater und ich haben dich mit Schmerz gesucht" (Lk 2,48).

Ein Kind – verloren auf einem Volksfest. Alptraum jeder Eltern, und das in einer Zeit, in der es weder Mobiltelefon noch Vermisstenmeldung gab. Keine schnelle SMS, kein Ausrufen auf Straßen und Plätzen. „Achtung, Achtung, ein zwölfjähriger Junge wird gesucht. Blaue Hose, gelbes Hemd."

Drei Tage suchen Maria und Josef, sie haben sicher nicht getrödelt. Was für ein Zeitmaß für eine Krisensituation. Die Uhren gehen anders. Schwanken zwischen Zutrauen und Sorge um ihr Kind raubt elterliche Kräfte. Die Spannung fällt erst ab, als Maria und Josef Jesus finden. Die gehaltene Verzweiflung bricht heraus. Sie entlädt sich, wütend. „Wie kannst du deinen Eltern so etwas antun?"

Wieder ist die Bibel gesättigt von Lebenserfahrung: Hier der Ablösungskonflikt mit einem Vorpubertären. Diese elterliche Wut aus Angst gegenüber Kindern, wenn sie aus der Reihe tanzen, wer hat sie noch nicht erlebt? Und der 12-Jährige wird auch noch frech. Er antwortet auf die Frage, die eigentlich keine Antwort erlaubt, sondern nur Reue und Selbstzerknirschung erwartet, mit einer Gegenfrage: „Wisst ihr nicht …?" Die Eltern sind vor allem bei Teenagern immer im Verdacht, die Dummen zu sein. „Wisst ihr denn nicht …?" „Mann, Papa, du schnallst auch gar nichts." Tolle Rolle!

Die Erfahrung, dass Eltern mit Schmerzen ihre entwachsenden Kinder suchen, die Not, ihre innerliche und äußerliche Abwesenheit ertragen zu müssen, das Leid, dass sie sie vermissen und nicht wissen, wo jene stehen, scheint immer auch die Regel. Hundertmal Khalil Gibran gelesen: „Eure Kinder sind nicht eure Kinder." Abgenickt! Und doch, ein riesengroßer Verlust! Plötzlich versteht man seine in Erinnerungen schwelgenden Eltern, wenn es die ersten Male still wird im Haus, weil nun wirklich alle Kinder weg sind. In all der ungestillten Unruhe kann man nur hoffen, dass sich die Brut wenigstens im Gotteshaus beheimatet fühlt, beim anderen, größeren Vater, so wie eben sein Sohn, der zwölfjährige Jesus im Tempel.

JAHRESWECHSEL

Übersetzen mit dem gelobten Land in der Tasche

Diese Nacht ist ein Fluß.
Mein Bett ist ein Kahn.
Vom alten Jahr stoß ich ab.
Am neuen lege ich an.
Morgen spring ich an Land.
Dies Land, was ist's für ein Ort?
Es ist keiner, der's weiß.
Keiner war vor mir dort.

So dichtete Josef Guggenmos über die Silvesternacht.

Leben bedeutet, immer wieder neue Ufer zu betreten.
Leben heißt, Übergänge zu meistern, in denen du keinen festen Boden unter den Füßen hast, wie in einem
Kahn über den Fluss schaukeln, nicht wissend, wie das
neue Land aussieht. Leben heißt auch, sich in dem zu

bewegen, was noch nie da war und noch niemand so erkundet und erobert hat, wie ich es je persönlich tun werde.

In dieser Hinsicht ist jedes Leben einmalig. Das ist ja an sich etwas Wunderbares! In Zeiten, in denen die Menschen eher pessimistisch nach vorne schauen, lob ich mir alle die, die sagen: Spannende Zeiten, da wird bestimmt etwas Gutes geschehen im nächsten Jahr!

Das Neue kann auch gewaltig beängstigen. Muss es aber nicht, jedenfalls nicht restlos, wenn wir uns ein Stück „gelobtes Land" in die Hosentasche stecken, das es uns begleiten kann. Ich denke an die Bibel. Die Juden nannten es auch gelobtes Land, das man umhertragen kann. Ein Stück Bibel, einen Psalmvers, der einen guten Weg verheißt und Halt gibt: „Gott wird deinen Fuß nicht gleiten lassen, und der dich behütet schläft nicht", heißt es in Psalm 121,3. Die Dunkelheit jeder Nacht, jeder Zukunft wird durch sein Wachen begleitet. Den wachenden Gott an der Seite, gesegnet ins neue Jahr!

Mit den Lieben leben

„Von guten Mächten treu und still umgeben, behütet und getröstet wunderbar, so will ich diese Tage mit euch leben, und mit euch gehen in ein neues Jahr", so dichtete der Pfarrer und Widerstandskämpfer der Bekennenden Kirche im Dritten Reich Dietrich Bonhoeffer. Als persönlicher Gefangener Adolf Hitlers wusste er, als er diese Zeilen schrieb, was ihn erwartete. Unheil, ja sogar der Tod durch Hinrichtung stand bevor. All das waren Versuche des Nazi-Regimes, Dietrich Bonhoeffer zu brechen. Es gelang ihnen nicht. Denn er hatte sich guten Mächten anvertraut, die stärker waren: den guten Mächten Gottes. Durch sie fühlte er sich offensichtlich getröstet und behütet. Was hielt ihn außerdem am Leben? Vielleicht ist es das „ihr", an das er sich in seinem Gedicht wendet: Mit *euch* leben, mit *euch* gehen in ein neues Jahr. Menschen, die am Leben waren, andere, die er liebte und deren Liebe er gewiss sein konnte, sie hielten ihn mit am Leben, sie waren Teil der guten Mächte des Schöpfers, auch wenn er sie hinter Gefängnismauern nur im Herzen fühlen konnte.

Wo sind die Menschen, mit denen ich ins neue Jahr gehen möchte? Sie sind gewiss da, und wenn nicht räumlich dicht dabei, so doch im Herzen gegenwärtig.

Mir gefällt außerdem dieses „ich will" des Gedichtes. So *will* ich diese Tage mit euch leben, getragen von guten Mächten, in Herzensgemeinschaft mit anderen, mir kostbaren Menschen. So will ich leben. Leben ist auch von dem abhängig, was man will. Es ist auch eine Entscheidung, welchen Wirklichkeiten ich mich zuwende. Diesen Willen zum Leben kann man Glauben nennen. Jeden Tag im neuen Jahr aufs Neue. Mit den Lieben leben.

Hindurchgehen

„Aber er ging mitten durch sie hindurch" (Lk 4,30).

Kraftvoll und selbstbewusst hatte Jesus gepredigt in Kapernaum. „Heute ist das Wort erfüllt vor euren Augen." Weil der Prophet wenig galt im eigenen Lande, weil er das Herkömmliche in Frage stellte, wollten sie ihn die Klippe vor der Stadt hinunterstürzen. Er aber, so wird erzählt, befreit sich, schwimmt gegen den Strom, geht durch den Mob hindurch und fort.

Und ich? Welche Menschenmengen, Gruppen, Kreise schieben mich an den Abgrund? Und wie könnte es gehen? Sich umzuwenden und durch sie hindurch zu gehen, geschützt und beschirmt wie durch einen Tunnel des Segens, alleine gegen den Strom, der mich wieder zurückwerfen will? Wie könnte ich weichen und dann weiter ins Leben ausbrechen auf neuen Wegen, auf denen ich mir leichter treu bleibe als zu Hause?

Neujahr lädt ein, sich solcherlei neue Wege vorzustellen und erste Schritte zu versuchen. Es muss nicht bei den guten Vorsätzen bleiben, aber auch nicht beim „same procedure as every year". Vielleicht gelingt es, die Anfangskraft aufzubringen und zu sagen: „Dieses Spiel mache ich nicht mehr mit. Ich geh jetzt, auch wenn es euch nicht passt. Ich weiß, ich raube euch eure gemeinsame Selbstvergewisserung darin, dass ihr mich klein haltet, dass ihr mich ablehnt." – „Der ist Schuld, der ist falsch, der ist dumm, der will sich nicht unterordnen, darin sind wir uns wunderbar einig."

Dies Stück des Evangeliums ist die „Nimm Abschied, Seele, und gesunde" – Geschichte der Bibel. Die Seele Jesu ist allerdings schon gesund, geheilt, geheiligt durch Gott. Unsere Seele doch auch! Das könnte Kraft verleihen. Es ist so unglaublich herausfordernd, wachsam zu bleiben, mit dem, was „man" uns tut, mit dem, wie wir einander behaften, um uns selbst zu schützen. Jesus zeigt: Hindurchzugehen ist möglich!

Der Herr der Zeit

Ein neues Jahr, 365 neue Tage. Welche Türen mögen sich uns öffnen, welche Schritte ins Unbekannte stehen uns bevor? Ohne Frage ist der Aufbruch in unbekanntes Terrain auch immer riskant und hier und da mit Angst verbunden. Das betrifft die Welt im Großen wie im Kleinen, im Politischen wie im Privaten. Ich kann jeden verstehen, der in diesen Zeiten auch Zukunftsängste hat: Werde ich mich auf der neuen Arbeitstelle eingewöhnen und behaupten können?

Welchen Weg werden wir mit den Menschen, die zu uns gekommen sind, gehen? Wo geht die Reise hin in unserem Land?

Der evangelische Theologe und Dichter Klaus Peter Hertsch aus Jena kann ein Lied von derartigem Lebensgefühl singen. Er trug die sanfte Revolution in der DDR von der Universität her mit. Und er ermutigte die Menschen mit seinen Texten, ihr Vertrauen auch jenem zu schenken, den er den Herrn der Zeiten nennt. Der will gegenwärtig sein auf jedem Schritt des Weges:

Die neuen Tage öffnen ihre Türen.
Sie können, was die alten nicht gekonnt.
Vor uns die Wege, die ins Weite führen:
Den ersten Schritt.
Ins Land. Zum Horizont.

Wir wissen nicht, ob wir ans Ziel gelangen.
Doch gehn wir los.
Doch reiht sich Schritt an Schritt.
Und wir verstehen zuletzt: Das Ziel ist mitgegangen;
Denn der den Weg beschließt und der ihn angefangen,
der Herr der Zeit geht alle Tage mit.

Weitergehen. Auch in diesem Jahr mit wenig Angst
hoffentlich und im Vertrauen: Der Herr der Zeit geht
mit.

Vom Lächeln Gottes:
über Fehler im neuen Jahr

Das neue Jahr gibt Anlass für viele Spekulationen. Wie wird es werden, das Leben? Was wird geschehen? Was wird besser, was verschlechtert sich? Hinter allem steckt immer wieder die tiefe Sehnsucht nach makellosem Glück. Dazu folgende kleine Anekdote:

Als Albert Einstein gestorben und in den Himmel gekommen war, wollte man ihm wegen seiner großen Verdienste um das Wissen und Forschen einen Wunsch erfüllen. Einstein überlegte nicht lange und sagte: „Wenn ich wirklich einen Wunsch frei habe, dann möchte ich doch jetzt in Erfahrung bringen, woran ich in meinem Denken und Forschen immer wieder gescheitert bin." Und Einstein erbat sich von Gott selbst die Weltformel zu hören.

Gott begann, eine lange und komplizierte Formel aufzusagen. Einstein hörte aufmerksam zu, stutzte bald, schüttelte den Kopf, wurde immer unwilliger und rief schließlich: „Aber diese Formel ist voller Fehler!" Da lächelte Gott und sagte: „Ich weiß."

Das Leben, das uns Gott bereithält, ist nicht fehlerlos. Es lässt sich nicht in perfekten Formeln ausdrücken, berechnen und vorhersagen. In allem Makel aber ist und bleibt das Leben lebendig, so lebendig wie das schönste Lächeln der Welt. Möge uns Menschen das Lächeln Gottes in vielen turbulenten Momenten unseres Daseins begegnen – auch wenn wir uns selbst verrechnet haben.

Freunde: einander gut finden

Worauf soll es ankommen im neuen Jahr? Gut soll es gehen, das Leben. Dazu gehören in einer Welt, in der sich so viel um Arbeit dreht, Freunde. Was passiert, wenn wir Freunde und Freundinnen besuchen? Was ist daran so fein?

Eine Erzählerin aus Nordamerika beschreibt es so: „Eine Indianerin pflegte meiner Mutter stets ein paar Rebhuhneier oder eine Handvoll Waldbeeren zu bringen. Meine Mutter sprach kein Araukanisch mit Ausnahme des begrüßenden ‚MaiMai‘, und die Indianerin konnte kein Spanisch, doch sie genoss Tee und Kuchen mit anerkennendem Lächeln. Wir Mädchen bestaunten die farbigen, handgewebten Umhänge, von denen sie mehrere übereinander trug. Wir wetteiferten bei dem Versuch, den melodischen Satz zu behalten, den sie jedes Mal zum Abschied sagte. Schließlich konnten wir ihn auswendig, ein Missionar hatte ihn uns übersetzt: ‚Ich werde wiederkommen, denn ich liebe mich, wenn ich bei euch bin.‘"

Sich selbst als ganzen Menschen zu entdecken, gern bei sich zu sein, weil sich andere gerne bei mir aufhalten, dazu dient Besuch auch: So suchen wir einander in diesen Tagen der Einkehr in der dunklen Jahreszeit, und wir finden einander, manches Mal in der Nachbarschaft, manches Mal, nachdem wir Hunderte von Kilometern hinter uns gebracht haben.

Gutes Gelingen beim Besuchen und beim „einander finden", „den anderen gut finden" – und auch sich selbst!

HABEN

Achthaben

Ein kleiner chinesischer Junge hat etwa ein dreiviertel Jahr mit meinem Sohn in der Klasse verbracht. Die Klasse hat ihn liebgewonnen. Zum Fahrradtag der Stadtpolizei hat er, während die anderen schon die richtigen Regeln lernten, auf dem Zweitrad meines Sohnes, das wir irgendwann aus dem Müll gezogen und zurecht gemacht hatten, das Fahrradfahren geübt. Nun muss er wieder zurück nach China.

Rau geht es zu unter den chinesischen Arbeitsmigranten. Da wird schon einmal ein Kind hin und her verpflanzt, das scheint auch kein Problem zu sein. Man spürt ganz unmittelbar, dass das Leben des Individuums, in dem Fall das Kindeswohl, einen deutlich geringeren Wert zu haben scheint als bei uns. Oder sollten wir sagen: einen anderen?

Fakt ist, dass der Kleine nicht gerne zurück möchte. Um seiner Vorliebe Ausdruck zu verleihen, reckt er den Daumen hoch und sagt: Bozen. Dann folgt China und er hält sich die Nase zu: stinkt. Wir wissen, warum China stinkt. China stinkt, weil es die Welt zum Beispiel mit Kunststoffware überschüttet, die unter erbärmlichen ökologischen Standards produziert wird. Das geht nur, weil das Individuum wenig zählt in den Fertigungshallen Chinas, weil niemand ein moralisches Problem darin sieht, Menschen unter solchen Bedingungen arbeiten zu lassen. Sind wir daran mitschuldig? Ich denke, ja. Wir beteiligen uns, indem wir es billiger haben wollen. Und noch billiger. Nichts aus solchen Fertigungen zu kaufen ist fast unmöglich, aber kritisch einzukaufen, zu fragen, wo kommt das her, schon. Und darauf zu pochen, dass auch der kleine Fabio ein Recht darauf hat, eines Tages bessere Arbeitsbedingungen vorzufinden als noch seine Eltern und Großeltern.

Nicht alles brauchen

„Ich möchte auch endlich so ein Tablet haben wie die anderen", sagt mein Sohn auf der Rückreise von einem Familienfest. Er war wieder beeindruckt gewesen. In jedem der vier Kinderzimmer stand ein Fernseher, einer stand im Keller, einer im Wohnzimmer. Es wimmelte von Smartphones, Tablets und anderem elektronischen Spielzeug. Man war auch viel damit beschäftigt. Da regte sich schon der Neid bei meinen Ragazzi. Jene jungen Leute hatten das, was alle haben, hatten das, was zählt. Dieses „Will auch haben" kennt man ja seit frühen Kindesbeinen, auch wir Erwachsenen sind nicht frei davon. Die Sonnenseite dessen ist die Begeisterung für neue, unbekannte Dinge, auch für schöne Dinge. Die Schattenseite ist, dass über solche materiellen Dinge oft Zugehörigkeit und Ausgrenzung geregelt werden. Haste was, dann biste was.

Mir scheint, wir leben in einer Zeit, in der wir das Geschrei der Kinder nach Dingen oft zu ernst nehmen. Sie spiegeln uns die materialistische Grundhaltung unserer Gesellschaft, und wir gehen darauf ein, wo wir können. Wir haben ja manchmal zu Recht Sorge, dass sie ausgegrenzt werden. Sollten wir sie nicht die Unabhängigkeit vom Haben lehren und die Freiheit, selbst zu entscheiden, was man braucht zum Leben?

Dafür braucht es zuerst Charakterstärke. Das weiß jeder, der einmal ein brüllendes Kind an den Schokoladenständen an der Kasse im Supermarkt vorbeigezogen hat, unter den zornigen Blicken der Passanten. Komm schon, kauf ihm doch das Schokoei! Der Bedarf an elterlicher Charakterstärke wird nicht geringer, je älter die Kinder werden. Wir wollen hoffen, dass sie es einem eines Tages danken! Als unabhängige und starke Charaktere, die sie selbst dann geworden sind, Menschen, die nicht alles brauchen.

Alles kommt von Dir

Wir leben in einer Zeit, in der wir Strohfeuer des Habens abbrennen. Dabei ist es ja gut, dass der Mensch haben will. Es regt ihn immerhin zum Konsum an. Der Konsum schafft Arbeit, Produktion, Handel, Verbrauch. Und führt dazu, wieder Neues haben zu wollen. Das geht in der sogenannten Wegwerfgesellschaft immer schneller. Dankbarkeit über das, was ich habe, bleibt dabei aber vielfach auf der Strecke. Und wir haben so wahnsinnig viel! Auch viel Gutes!

Von meinem Lehrer Fulbert Steffensky habe ich kürzlich etwas über die Dankbarkeit gelernt. Dankbarkeit kann dann wachsen, so zeigte er mir, wenn du dir vorstellst, welchen Weg die Dinge, die du hast, zurückgelegt haben, wie viel Menschen dir die Gabe bereits bereitet haben. Durch wie viel menschliche Hände sie gegangen sind, bevor du das Ding, was du hast, genießen durftest.

Ich schaue das Frühstücksbrettchen an am Morgen. Ein schönes Stück Zirbenholz aus dem Sarntal. Ich gehe den Weg zurück. Einmal war ich damit schon beim Tischler, damit er es neu schleifen sollte. Erhalten habe ich es aus den Händen eines Kaufmanns im Sarntal; er aus den Händen des Tischlers. Der hat es entworfen, zugeschnitten, gebohrt und geschliffen. Der Tischler hat die Bretter dafür vom Sägewerk erhalten. Im Sägewerk haben Männer den Baumstamm in die große Säge eingespannt und ihn durchlaufen lassen, die Bretter gehobelt. Waldarbeiter oder Bauern haben den Baum gefällt und aus dem Wald gezogen. Ja, und der Baum ist gewachsen, Jahrzehnte wahrscheinlich. Ob er wohl aus einem Setzling oder einer wilden Aussaat entstanden ist? Vielleicht hat ihn noch ein Bauer oder ein Förster vor Wildverbiss geschützt.

Sollte ich nicht all diesen Menschen dankbar sein?

Wachsen allerdings musste er alleine. Woher kam sein Wachstum? Wer lässt wachsen? „Alles kommt von dir, Sonne, Erde, Regen, dass wir davon leben, dafür danken wir", singen wir oft, wenn wir zu Tisch sitzen, zum Beispiel vor dem Frühstücksbrett – und schicken unseren Dank gen Himmel.

Was ich wirklich brauche

„Haben oder Sein", so heißt der berühmte und programmatische Titel des Buches vom bekannten Psychologen Erich Fromm.

Fromm vermittelt nicht nur in diesem Titel: Der Weg zum Sein kann nicht über das Haben laufen. Haben und Sein sind quasi Alternativen, die sich ausschließen. Fromms Ausspruch ist in diesem Sinne die weltliche Variante des bekannten Wortes Jesu: „Man kann nur einem Herren dienen, Gott oder dem Mammon" (Mt 6,24).

Zugespitzte Sätze sind das, die sogleich unseren Widerspruch hervorrufen. Ich muss doch auch haben, um zu sein. Ich muss zu essen haben, ein Dach über dem Kopf und ein Bett mindestens, damit ich leben kann. Was wäre denn, wenn wir uns nur alle vor unsere Haustüren setzen würden, in den Gartenstuhl, mit den Worten: Ich bin jetzt einfach nur da! Käme die Welt nicht zum Stillstand, ja, sogar zum Tod? Irgendwann würdest auch Du, Erich Fromm, aufstehen, weil Du etwas haben wolltest, und wenn es nur eine Semmel wäre.

„Man kann nur einem Herrn dienen, Gott oder dem Mammon." Vielleicht ist das Wort Jesu doch noch genauer als Fromms Spiel der Begriffe. Wenn vom Dienst an einem Herrn die Rede ist, dann trifft das eher die Frage, wer oder was hat die Führung im Leben. Wer bestimmt letztlich? Diene ich Gott oder dem Geld? Ständig sind wir in dieses Spannungsfeld gestellt. Wir müssen entscheiden, was uns wichtiger ist, das Haben oder das Sein. Das Geld übt einen Sog aus, das wussten schon die Alten. Es macht nicht satt, es vermehrt vielmehr den Hunger. Deswegen müssen wir immer wieder darauf hingewiesen werden, dass eigentlich und letztlich nur etwas anderes den Lebenshunger stillen kann. Sind es nicht die unbezahlbaren Werte, denen wir nachstreben: Liebe, Hoffnung, Freude, Trost? Sind es nicht Gottes Werte?

Talente haben

„Er hat wirklich großes Talent." Fällt ein solcher Satz über einen Menschen, so schmeichelt er ihm zumeist gewaltig. Und es ist damit eine Aufforderung verbunden: Mache etwas aus dem, was du hast! Talente sind eigentlich uralte Maßeinheiten aus Assyrien und damit so etwas wie eine Währung. Im biblischen Gleichnis von den anvertrauten Talenten (Mt 25) hinterlässt der Herr, der aus dem Haus geht, drei Knechten Talente mit dem Auftrag, sie sollen das Vermögen verwalten, je nach ihrer Tüchtigkeit, wie es so schön heißt, fünf, drei und ein Talent. Während der mit fünfen seine Talente verdoppelt und jener mit dreien ebenfalls gut wirtschaftet, vergräbt der letzte das eine Talent. Und buddelt es wieder aus, als der Herr wieder kommt. Er erntet Wut und Enttäuschung von dem, der ihm seinen Besitz anvertraut hatte: „Warum hast du nichts getan mit dem Talent, dass du hast?" Der Knecht wird patzig: „Was willst du, es war doch eh nur ein Talent, und das bekommst du halt jetzt wieder!"

Gäbe es dieses Gleichnis nicht, dann gäbe es auch unsere Rede vom Talent im übertragenen Sinne nicht, von den Talentierten und der Talentshow. Klar könnte man Talent hier mit Euro übersetzen. Dann würden wir eine jesuanische Aufforderung zum Wirtschaften vorfinden. Und damit ein Plädoyer für das Haben, das nicht festhält, sondern mehrt, auch Geld mehrt. Auch das darf man ruhig als Jesu Botschaft ernst nehmen, nicht nur Askese.

Mir gefällt das Gleichnis aber noch besser, wenn ich tatsächlich die Talente als Begabungen auffasse. Viele Begabungen verpflichten den Begabten und sie beflügeln ihn; so ist das. Wenige Begabungen aber rechtfertigen nicht das Vogel-Strauß-Prinzip. Kopf in den Sand. „Ich kann ja eh nichts." Vielmehr: Achte dein eines kleines Talent und mach etwas daraus! Vergleich es nicht mit den anderen, sondern sei stolz auf das, was du mit deinem Talent leisten kannst. So baust auch du mit in der Kraft, die alles zusammen hält.

Freunde haben

Leben wir in einer Welt des Habens oder in einer Welt des Seins? Ich muss gestehen, ich habe auch gerne. Vor allem habe ich jene Dinge gerne, die ich nicht kaufen kann. Sie machen mich im eigentlichen Sinne reich. Und da gibt es vieles, was uns reich macht. Frage ich meine Konfirmanden, so sagen sie, das wichtigste sei ihnen, dass sie Familie haben. Und dann kommt gleich danach, bei manchen auch davor, dass sie Freunde haben. Auch wenn es der verlorene Sohn dereinst versucht hat und es heute Menschen immer wieder versuchen: Echte Freunde kann man nicht mit Geld kaufen. Für echte Freundschaft muss man sein Herz verschenken. Das ist etwas, was nicht berechnend ist und nicht vernünftig, das tun wir aus Leidenschaft und Zuneigung. Nach einer Weile kann es sein, dass wir einen Freund, einen Freundin liebgewonnen haben. Und wenn wir auch sagen, der ist mir lieb und teuer: Niemand wird diese Zuneigung in Punkten abzählen können. Tut er dies, die Freundschaft vermessen, so wird er die Freundschaft bald verlieren. In diesem Sinne sind die sogenannten Freunde auf Facebook und in anderen sozialen Medien der blanke Hohn. Wie, bitte, soll ein Mensch 367 Freude haben? Tragen die sozialen Medien dazu bei, dass die Idee der Freundschaft verflacht? Wie viel Freunde kann ein Mensch in einem Menschenleben wirklich haben? Wie viel gute Freunde? Bei all den Unsicherheiten: Freundschaft ist etwas, das man durchaus *haben* kann. Einen Freund kann man gern haben. Es ist etwas Beständiges und stabiles in der Freundschaft, wenn es gut geht.

Die kostbarsten Freundschaften sind wohl die, auf die wir uns verlassen können. Wieder ein schönes Wortspiel: Freundschaften, in denen wir einander verlassen können, und sie bleiben trotzdem da, bis zur nächsten Begegnung, bis zum nächsten Austausch, wenn wir wieder zusammenkommen. Da sagt der eine dem anderen: Du bist mir immer noch so vertraut.

In diesem Sinne ist auch Gott mein Freund, dessen Freundschaft ich suche. Jener Freund, auf den ich mich absolut verlassen kann, auch wenn wir nicht immer beieinander sind. Warum nicht Freundschaft mit Gott schließen? Er sucht die unsrige bestimmt.

Engel haben

Immer wieder kommen Eltern mit einem Neugeborenen zur Taufe in unsere evangelische Gemeinde. Evangelische Regel ist es, dass wir den Kleinen ein biblisches Wort mit auf den Weg geben. Am häufigsten wird dabei Psalm 91,11 gewünscht: „Denn er hat seinen Engel befohlen über dir, dass sie dich behüten auf allen deinen Wegen."

Der Weg ist ein Grundsymbol für unser menschliches Dasein, die Rede vom Lebensweg verstehen die Menschen sofort. Und Engel sind dem Herzen auch sehr zugänglich. Der Engel birgt ja die Idee, dass immer noch ein Gottesbote und damit schlussendlich Gottes guter Geist selbst mitgeht auf unseren Wegen und uns behütet und bewahrt. Und hier in Psalm 91 soll es gleich eine Schar von Engeln sein. Denn er hat seinen Engeln befohlen über dir.

Ich kann das gut verstehen. Die jungen Eltern sehen, wie verletzlich das neugeborene Leben ist, und wünschen sich, dass ihre Kinder geschützt sind vor Gefahr. Der Psalm verbildlicht das ganz konkret.

Ein Kind zur Taufe zu tragen heißt, sich im Loslassen zu üben. Wir vergewissern uns, wir sind nicht Besitzer und

Beherrscher unserer Kinder. Wir werden sie nie haben. Folgen die Kinder ihrer Bestimmung, müssen sie sich auch unbekannten Wegen aussetzen und gewinnen Abstand zu uns.

Kinder streben, je größer sie werden, immer danach, ihre eigenen Wege zu gehen. Je länger ich Vater bin, desto deutlicher verstehe ich damit, worauf also in diesem Psalmwort die Betonung liegt. „Dass sie dich behüten auf *allen* deinen Wegen." Es gibt die einfachen und leichten Wege, die direkten, da mache ich mir keine Sorgen. Auf diesen Wegen brauchen wir auch nicht viel Obhut. Vielfach sind die Wege aber schwer und unergründlich, und manches Mal kommt es doch schwerer, als wir hoffen und denken. Auch auf diesen Wegen sollen sie behütet sein, erst recht wenn sie große Kinder sind, erwachsen und doch immer noch Kinder. Kinder, die wir so gerne über Hindernisse tragen würden, wie es Engel können; und wir wüssten doch: Das wäre nicht immer richtig.

EPIPHANIAS

Wunderstern

Die Weihnachtsfeiertage sind vorbei, hoffentlich hat die Seele Zeit gefunden, zur Ruhe zu kommen. Manch einer hat schon lange die Arbeit wieder aufgenommen, bei den Kindern geht die Schule wieder los. Dabei ist für orthodoxe Christen gerade erst am 6. Januar der große Tag: An Epiphanias, an Heilige Drei Könige, feiern sie erst richtig Weihnachten. Das kann dazu anregen, die guten Eindrücke von Weihnachten nicht jetzt schon ganz zu vergessen, sie im Er-innern mit nach Innen zu nehmen. Noch einmal unter den Stern von Bethlehem mit einem Gedicht von Wilhelm Busch!

Hätte einer auch fast mehr Verstand
als wie die drei Weisen aus dem Morgeland.
Und ließ sich dünken, er wär wohl nie
dem Sternlein nachgereist wie sie;

Dennoch, wenn nun das Weihnachtsfest
seine Lichtlein wonniglich scheinen lässt,
fällt auch auf sein verständig Gesicht,
er mag es merken oder nicht,
ein freundlicher Strahl,
des Wundersterns von dazumal.

Der freundliche Strahl des Wundersterns, das gute Licht
Gottes in Jesus Christus, es fällt auf uns, selbst wenn wir
es nicht merken in unseren Geschäftigkeiten. Es fällt auf
uns, selbst wenn wir ihm nicht so leidenschaftlich wie
die Könige nachgereist sind, warum auch immer. Ist das
nicht eine gute Aussicht auch an diesem dunklen Tag,
an dem der Alltag zurückkehrt?

Sternenkarren

In dieser Epiphaniaszeit will ich mich auf die Spur des Sterns von Bethlehem begeben.

Seit Menschengedenken faszinieren ja die Himmelskörper. Das ist auch nicht weniger geworden, seitdem wir mit Teleskopen bis weit hinein in die Galaxien schauen können, seitdem wir Sonden ins All schicken, die auf Kometen landen. Unendliches gibt es noch, das wir nicht wissen und beherrschen. Diese Übermacht und Grenzenlosigkeit des Alls ließ den Himmel auch immer Zuhause Gottes sein.

So ist es kein Zufall, dass sich das Ereignis der Geburt des Gottessohnes auch als kosmisches Geschehen verwirklichte. Mit dem berühmten Stern über Bethlehem.

Fragen wir: Wer oder was bestimmt über unser Leben?, dann könnte man die Hände in den Schoß legen angesichts des großen, unendlichen Weltgetriebes. Es lässt unsere Erde so klein und unser Tun so bedeutungslos erscheinen. Wir könnten aber auch der Empfehlung Leonardo da Vincis folgen. „Binde deinen Karren an einen Stern", hat er einmal gesagt. Ist das nicht eine etwas größenwahnsinnige Empfehlung, sich so in den Himmel einzuklinken?

Ich denke, nein. Binde deinen Karren an einen Stern, das heißt: Lass dich vom Allerhöchsten ziehen. Wir Christen besingen Jesus Christus als Morgenstern und versuchen unseren Karren an diesen Stern zu binden. Wir vertrauen darauf, dass er unseren Karren letztlich durchs Leben zieht und voranbringt.

An welchen himmlischen Stern binden wir also unseren Karren? Ich wünsche den Menschen auf dem Sternenkarren jedenfalls eine gute Kraftübertragung, dass es vorangeht, mit Gottes eingespannter Kraft.

sono fortunato – Felix

Weihnachten ist jetzt vorbei, sagen viele, und gehen zur
Tagesordnung über. Denen möchte ich aus einem alten
irischen Weihnachtslied vorlesen:

Wenn der Gesang der Engel verstummt ist,
wenn der Stern am Himmel untergegangen,
wenn die Könige und Fürsten heimgekehrt,
die Hirten mit ihrer Herde fortgezogen sind,
dann erst beginnt das Werk von Weihnachten:
die Verlorenen finden,
die Zerbrochenen heilen,
den Hungernden zu essen geben,
die Gefangenen freilassen,
die Völker aufrichten,
den Menschen Frieden bringen.
In den Herzen musizieren.

Eine meiner schönsten Erinnerungen an die späte
Weihnachtszeit: Der Obdachlose, den ich von Ober-
bozen im Wagen mit nach Hause nahm, als ich meinen
Sohn wegen des Bahnstreikes abholte. Da stand er vor
verschlossenen Türen im Halbdunkel. Ich fragte ihn,
ob er mit fahren wollte. „Sono fortunato" sagte er, und
ließ mich warten. Mit fünf Taschen kam er wieder. Er
erzählte vom harten Leben auf der Straße und dass es

doch besser wäre in Südtirol als in Albanien. Er erzählte von seinen versteckten Bienenvölkern im Rittner Wald und sagte: „Dein Sohn sieht etwas mager aus, er sollte mehr Honig essen." Beim Aussteigen sagte er nur noch einmal: „sono fortunato! Ich bin beglückt." Und hatte Musik in mein Herz gebracht.

BETEN

Um Gelassenheit beten

Wenn Gebete einleuchten, können sie eine große Breitenwirkung haben, auch wenn sie nicht aus einer Heiligen Schrift stammen. Eines der Gebete, die eine sagenhafte Verbreitung fanden, ist das sogenannte Gelassenheitsgebet. Es ist beispielsweise fester Schlusspunkt eines jeden Treffens der Anonymen Alkoholiker. Dieses Gebet hat sicher manchen Menschen, der damit vielleicht schon abgeschlossen hatte, wieder zum Beten in Gemeinschaft geführt:

„Gott, gib mir die Gelassenheit, Dinge hinzunehmen, die ich nicht ändern kann, den Mut, Dinge zu ändern, die ich ändern kann, und die Weisheit, das eine vom anderen zu unterscheiden."

Menschen mit Suchtproblemen sind oft aufgespannt zwischen völlig überzogenen Ansprüchen an sich selbst einerseits und tiefen Ohnmachtsgefühlen andererseits.

Manchmal müssen sie auch wirklich schwere Dinge hinnehmen, Schicksalsschläge, die sie todtraurig machen. Kaum ein Ausweg scheint sich zu zeigen. „Gott, gib mir die Gelassenheit, Dinge hinzunehmen, die ich nicht ändern kann."

Aus der Sucht Befreite und Therapeuten wissen aber auch, dass der Weg aus dem Jammertal nur über die kleinen, aber konsequenten Schritte geht. Die großen Träume sind nicht immer hilfreich. Es geht darum, die Dinge zu ändern, die man ändern kann. Und selbst die kleinen Dinge zu verändern kostet viel mehr Mut und Kraft, als man gemeinhin meint. „Gott, gib mir den Mut, Dinge zu ändern, die ich ändern kann."

Wie schnell sind wir dann aber dabei zu sagen: „Das lässt sich eben nicht ändern." Da greift wiederum die dritte Bitte des Gebets: „Gib mir die Weisheit, das eine vom anderen zu unterscheiden."

Dieses Gebet ist genial. Geht es nicht immer wieder genau darum? Zu unterscheiden, was geht und was nicht geht? Manches gelassener hinzunehmen, als ich es tue, anderes mutiger anzufassen, als ich es mich getraue, und so meinen Lebensweg gut zu gehen? Wir müssen nicht alles aus uns selbst schöpfen. Das sagt das Gebet auch. Gott hilft. Ich finde es beeindruckend, dass sich diese Einsicht unter den Anonymen Alkoholikern so konsequent entwickelt hat. Lernen wir von ihnen!

Humorvoll beten

Hat Humor etwas im Gebet zu suchen? Wenn Gott nichts Menschliches fremd ist, sollte da nicht auch ein Gebet Witz haben dürften?

Weit sind wir davon entfernt, komisch zu sein in unseren Gebeten. Dafür sind uns die Dinge, die wir in der Zwiesprache mit Gott ansprechen, viel zu wichtig. Wir nehmen uns allerdings damit auch jene Möglichkeit des Abstands zur Welt und zu uns selbst, die ja gerade auch das Gebet ermöglicht.

Humor im Gebet kann das sogar noch verstärken. Der Schriftsteller und Anwalt Thomas Morus, bekannter als Thomas Moore, ein Freund Erasmus' von Rotterdam und großer Verfechter der Gewissensfreiheit, hat im 16. Jahrhundert ein Gebet verfasst, dass humorig versucht, sich und die Welt in Gottes Namen nicht zu ernst zu nehmen:

„Schenke mir eine gute Verdauung, Herr, und auch etwas zum Verdauen.
Schenke mir Gesundheit des Leibes und den nötigen Sinn dafür, ihn möglichst gut zu erhalten.
Schenke mir eine Seele, der die Langeweile fremd ist, die kein Murren kennt und kein Seufzen und

kein Klagen, und lass nicht zu, dass ich mir allzu viel Sorgen mache um dieses sich breit machende Etwas, das sich ‚Ich' nennt.

Herr, schenke mir Sinn für Humor, gib die Gnade, einen Scherz zu verstehen, damit ich ein wenig Glück kenne im Leben und anderen davon mitteile."

Die Gnade, einen Scherz zu verstehen. Ob wohl dem Scharfrichter des Thomas Moore diese Gnade zuteil geworden ist, als Thomas ihm bei seiner Hinrichtung sagte, er habe einen kurzen Hals, er solle bloß gut zielen?

Morus ist für Gewissensfreiheit gestorben. Er wollte nicht auf den englischen König schwören. Sein Humor hat ihm vermutlich dabei geholfen. Morus hat Humor bewiesen bis zum letzten Moment seines Lebens. Ist das nicht ein starkes Glaubenszeugnis?

Liebevoll beten

„Du hast mir aus dem Herzen gesprochen", so sagen wir einander, wenn der andere mit seiner Rede in meinem Sinn sprach, wenn seine Worte mich berührten. Das kann auch passieren mit Gebeten anderer religiöser Traditionen als der christlichen. Denn Gebet, Zwiesprache mit Gott, ist ja überall der Versuch, aus dem Herzen zu sprechen.

So möchte ich ein Gebet aus dem Islam zu Papier bringen; es stammt aus der Sufi-Tradition und aus der Feder einer Frau. Rabia von Basra ist eine der größten islamischen Mystikerinnen. Sie lebte im 8. Jahrhundert, wurde der Legende nach als Sklavin von ihrem Herrn freigelassen, damit sie als Religionslehrerin wirken konnte. Sie lebte und lehrte in Basra. Mit Gott sprach sie so:

> „Mit zwei Lieben habe ich dich geliebt: mit einer egoistischen Liebe und mit einer Liebe, die dir angemessen ist. In der Liebe, in der ich mich selbst suchte, habe ich nur dich im Sinn und schließe andere aus. In der Liebe, die dir entspricht, entfernst du den Schleier, sodass ich sehen kann. Aber nicht mir gebührt Lob in dieser Liebe oder jener, sondern in dieser Liebe oder jener gilt das Lob nur Dir."

Die Zwiesprache mit Gott allein kann auch etwas Egoistisches sein. Rabia beschreibt das selbstkritisch: Spirituelle Selbstsuche droht andere auszuschließen. Gottes Zuwendung und Liebe wiederum öffnet die Augen für die Welt. „Du entfernst den Schleier, sodass ich sehen kann."

In dem Sinne kann Gebet auch Liebe zum Nächsten anbahnen. Gelebte Liebe zum Nächsten wäre Gebet und letztlich Lob Gottes. Wo aber gebende Liebe gelebt wird, da singen die Engel: „In dieser Liebe gilt das Lob nur Dir."

Hörend beten

Das Tao Te King, jenes Weisheitsbuch, das Lao Tse zugeschrieben wird, ist der nach der Bibel am weitesten verbreitete heilige Text der Welt. Erstaunlich! Im fünften Jahrhundert entstanden, listet dieses Buch Weisheiten über das Tao auf. Tao – das ist das unbenennbare Eine, das Göttliche, das allerdings keine Person darstellt. Wie betet man zu einem Gott, dessen Göttlichkeit auch das Personhafte übersteigt? Zum Beispiel in Meditationen wie dieser:

> „Wenn die Besten unter denen, die nach Weisheit streben, vom Tao hören,
> dann geben sie sich sofort Mühe, es zu verwirklichen.
> Wenn durchschnittliche Weisheitssucher vom Tao hören,
> dann folgen sie ihm zuweilen, und zuweilen vergessen sie es wieder.
> Wenn Weisheitssucher ohne Verstand vom Tao hören,
> dann lachen sie lauthals. Lachten sie nicht, dann wäre es nicht das Tao.
> Das Tao ist nirgends zu finden. Und doch ernährt es alle Dinge und führt sie ihrer Erfüllung zu."

Beten ist wie mit einem unauffindbaren Geheimnis zu kommunizieren. Wer betet, hört eher auf etwas, als dass er spricht. Der Mensch ist auf unterschiedliche Weise in der Lage, auf das Göttliche zu hören. Es gibt Menschen, die finden Beten lustig oder sogar lächerlich. Und doch wäre ohne das Geheimnis Gottes alles nichts. Macht es da nicht Sinn, aufmerksam hinzuhören?

Seinen Namen suchen

Bei meiner Suche nach Gebeten aus verschiedenen Religionen und Traditionen bin ich auch auf eins aus der Gemeinschaft der Sikhs gestoßen. Die Sikhs, eine Glaubensgemeinschaft meist mit indischen Wurzeln, folgen den Lehren des Guru Nanak aus dem 15. Jahrhundert. Jener Mann hat in seinem mystischen Zugang zu Gott die Religionsgrenzen entschieden überschritten: „Es gibt keinen Hindu, es gibt keinen Muslim", wird er zitiert. Wie sehr wir in allen religiösen Ausdrucksformen dennoch einen Gott brauchen, beschreibt Nanak in anschaulichen Bildern so:

> „Gedenke, o Gott, meiner Seele:
> Deine Jahre gehen dahin ohne seinen heiligen Namen.
> Und ein Mensch ohne den Namen Gottes
> ist nur eine Quelle ohne Wasser,
> ein Schrein ohne eine entzündete Lampe,
> ein Baum, an dem keine Frucht zu finden ist,
> ein Leib, ohne Augenlicht geboren,
> ein Mensch ohne den Namen Gottes ist wie
> eine Nacht ohne Mond,
> ein Feld ohne den Regen,
> ein Weiser; der die Schriften nicht kennt."

Sich auf die Suche machen nach den vielen Namen Gottes und damit Früchte bringen, sehen, Lampen entzünden. Das Leben ist ein Abenteuer mit den Namen Gottes, die lebendig machen. Auf gute Entdeckungen kommt es an.

Zum Hirten beten

In Deutschland streiten sich gegenwärtig erneut gelehrte Theologen, der Neutestamentler Notger Slenczka, der Kirchengeschichtler Christoph Markschies und andere, ob die Bücher des Alten Testamentes ein vollwertiger Teil der christlichen Bibel sein können. Welch merkwürdiger Gedanke, dass nicht! Der Gebrauch allein der Psalmen, dieses großen Gebetsbuches der Juden in jedem Gottesdienst, in jeder Messe straft die Idee der Zweitrangigkeit des Alten gegenüber dem Neuen Testament Lügen. Natürlich sind die Psalmen auch für Christen wahrhaftiges Gespräch mit Gott.

Einen Psalm haben Tausende und Abertausende von Menschen auswendig gelernt. Das Gebet hilft ihnen, in Momenten der Not aber auch in Momenten der Dankbarkeit. Ein Gebet im Gedächtnis, das ist wie ein Erste-Hilfe-Koffer im Kofferraum. Es ist immer gut, es im Gepäck zu haben. Ich habe den Psalm 23 seit Jugendtagen im Gepäck. In der Sprache Luthers klingt er so:

Der Herr ist mein Hirte,
mir wird nichts mangeln.
Er weidet mich auf einer grünen Aue
und führet mich zu frischem Wasser.
Er erquicket meine Seele und führet mich auf rechter
Straße um seines Namens willen.
Und ob ich schon wanderte im finsteren Tal, fürcht
ich kein Unglück.
Dein Stecken und Stab trösten mich.
Du bereitest vor mir einen Tisch im Angesicht meiner Feinde,
du salbest mein Haupt mit Öl und schenkst mir voll
ein.
Gutes und Barmherzigkeit werden mir folgen mein
Leben lang
und ich werde bleiben im Hause des Herrn immerdar.

Die Worte dieses Psalms setzen manchem elenden Moment etwas entgegen. Ich muss zuweilen selbst als Pfarrer meinen Mut zusammennehmen, ihn zu sprechen, wenn die Situation doch alles andere als tröstlich ist. Dann aber sehe ich auch, wie Gott den Menschen durch diese Worte erreicht und ihn beruhigt: „Bei allem, was geschieht – letztlich, mein Geschöpf, bleibst du in meinem Haus!"

KARNEVAL

Owi lacht

„Das war die lustigste Christmette, die ich je erlebt habe", sagte mir eine alte Dame aus unserer Gemeinde am Ende des Krippenspielgottesdienstes am Heilig Abend. Ein Weihnachtsthema zur „fünften Jahreszeit", zum Karneval?

Ich will den Karneval zum Anlass nehmen, über Glaube und Humor, Christentum und Lachen nachzudenken. Carnevale ist ja gewissermaßen das Ende der großen Festjause, die mit Weihnachten begann. Das Fleisch war erst einmal aufgegessen in alten Zeiten. Jetzt kommt das Fasten, es geht einher mit der Passion, einer Zeit meditativer Stille. An Ostern soll das Lachen dann als Auferstehungslachen wieder Einzug halten. Jetzt aber erst mal bis zum Aschermittwoch: Heiterkeit, die mit Owi-Lachen an Weihnachten begann.

Owi? Eine Freundin erzählte einmal, sie hätte als Kind immer händeringend nach dem lachenden Owi an der

Krippe gesucht, wenn die Gemeinde bei „Stille Nacht" an die Stelle kam, wo alle „Oh wie lacht" singen.

Zurück zur Seniorin. Ich wusste nicht recht, ob ich mich über ihr Kompliment „die lustigste Christmette" wirklich freuen sollte. Bin ich doch auch Kind einer christlichen Tradition, die dem Lachen immer eher Oberflächlichkeit und dem heiligen Ernst Glaubenstiefe unterstellt. Und doch: An Heilig Abend lasse ich die Kinder predigen, weil sie in ihrer Unbeholfenheit und ihrer völligen Hingabe ans Krippenspiel eine Haltung zur Welt, zum Glauben und zum Wunder von Weihnachten zeigen, die etwas von der göttlichen Komödie hat. So passierte es zum Beispiel, dass der Rauscheengel, während wir „Vom Himmel hoch, da komm ich her" sangen, gar nicht mehr recht von der Leiter in den Stall hinunter wollte, so schön ließ es sich dort oben mit den Flügeln wedeln. Erst ein Hirte musste lauthals hochrufen: „Du musst jetzt runterkommen!"

Viel Lachen in der Gemeinde und Tränen der Rührung. Sicher auch, weil viel mehr in dem Satz mitschwingt, als dem Hirten in dem Moment bewusst war. Du musst jetzt runterkommen! Engel!

Kinder und Narren sagen die Wahrheit, so ein Sprichwort, und von beiden können wir die Wahrheit mit Heiterkeit annehmen.

Glauben und lachen

Viele rote Nasen wird man auf diesem Karneval wieder sehen, untrügliche Merkmale des Clowns. Kinder wie Erwachsene schlüpfen gleichermaßen gerne in diese Urrolle des Karnevals. Man nennt die rote Nase auch die kleinste Maske der Welt. Weil jeder den anderen mit roter Nase sofort als Narren erkennt und die Person dahinter zu verschwinden scheint. Mehr noch, die Person erhält mit der kleinsten Maske die Erlaubnis, tollpatschig, ungeschickt, lächerlich und komisch zu sein. Und gerade so lieben wir den Clown.

Der Clown hat in den letzten 15 Jahren im Westen eine große Renaissance gefeiert. Vielleicht auch, weil unsere westliche Welt in vieler Hinsicht zwar sehr komfortabel ist, aber zugleich auch als sehr humorlos erscheint. Wir sind dabei, den Menschen als „Humankapital" immer mehr zu optimieren und zu perfektionieren, und vergessen dabei das Lachen. So schielen wir hinüber zu lachenden Buddhas und probieren indisches Lachyoga. Und scheinen in unseren eigenen spirituellen Traditionen vergeblich das Lachen zu suchen.

Aus den USA, nicht zufällig aus dem heiteren Kalifornien, dem Italien Amerikas, sind zwei Clown-Bewegungen nach Europa herübergeschwappt und haben sich hier verbreitet. Die sogenannten Klinik-Clowns oder Clowning Doctors setzen auf die heilende Kraft des Lachens und sind darin im Gesundheitswesen erstaunlich anerkannt. Und es gibt auch sogenannte Clowning Ministry, im deutschen Sprachraum als Kirchen-Clowns bekannt. Clowns, die der frohen Botschaft, dem Evangelium, noch mehr entlocken als ernstes Reden. Warum nicht im Namen Gottes zum Lachen bringen? Ganz im Sinne Martin Luthers, der in einer seiner Tischreden sagte: „Wo der Glaube ist, da ist auch Lachen."

Hinunter verwandeln – August

Auf dem letzten Karneval in Venedig traf ich einen Mann, der sich als Kardinal verkleidet hatte. Der Karneval erlaubt uns, Rollen einzunehmen und mit Rollen zu spielen, die wir sonst im wahrsten Sinne des Wortes nicht bekleiden. Einmal im Leben als Kardinal herumlaufen, dachte sich wohl dieser Herr. Und es sein dürfen. Der Karneval machte es möglich. Der Herr hatte sich gewissermaßen in der Hierarchie hinauf verwandelt. Beinahe wie ein Kind, das sich zu Karneval als Feuerwehrmann oder Polizist oder Ärztin verkleidet.

Es gibt aber auch den anderen Weg. Sich hinunter zu verwandeln. Das tut der Narr, der Clown, der dumme August. Er kann das Leben auf diese Weise ungeschminkter, direkter zeigen, und ist zugleich erreichbarer, weil ohne besonderen gesellschaftlichen Status. Humor hat etwas mit Humus zu tun, mit auf die Erde kommen oder auf der Erde bleiben, lachend.

Filipo Romolo Neri, genannt Pippo, 1505 in Florenz geboren, gilt als der Clown unter den Heiligen. Er ist ein Mensch gewesen, der aus geistlichen Gründen großen Wert darauf legte, mit beiden Beinen auf dem Boden zu stehen. Nach eingängigen Studien bei den Dominikanern und geistlichem Leben unter den Benediktinern, nach dem Kontakt mit Ignatius von Loyola verschenkte er alle seine Bücher, entschied sich für ein Leben in Armut und lehrte den Menschen auf der Straße den Glauben. Dabei liebte er es, aus der Rolle zu fallen, um die Menschen aufzuwecken, zum Lachen zu bringen, auch ohne rote Nase. So wird erzählt, dass er manchmal völlig überraschend in rosa Filzpantoffeln umher ging, einen Pelzmantel im Sommer trug oder sich den Bart nur halb rasierte.

Die organisierten Religionen heute erweisen sich als ausgesprochen humorlos und wenig zur Selbstironie fähig. Brauchen wir nicht mehr solcher Pastoren und Priester oder gar Imame?

Pippo – Paradiso

Warum erscheint uns unser Christentum oft so traurig? Warum fällt uns das Lachen als Ausdruck des Glaubens so schwer? Ich frage mich das oft, auch angesichts der Heiterkeit des Fernöstlichen; wir sprechen ja nicht zufällig vom Land des Lächelns, wenn wir an die andere Seite des Globus denken.

Der altkirchliche Lehrer Chrysostomos aus dem 4. Jahrhundert wies einmal in einer Predigt eindringlich darauf hin, dass der Christ, der doch mit seinem Herrn gekreuzigt sei, niemals lachen dürfe, sondern ständig weinen müsse. So zugespitzt dieser Satz auch sein mag, er trifft doch einen zentralen Punkt in der geistlichen Entwicklung des Abendlandes, die uns bis heute prägt. Sie wurde noch verschärft durch die sogenannte Satisfaktionslehre des Anselm von Canterburry. In zwei Sätzen: Dadurch dass Gott seinen Sohn geopfert hat, bist du gereinigt. Und Schuld bist du daran auch noch. Da gibt es in der Tat wenig zu lachen. Mehr noch, wer angesichts dieses Opfers lacht, scheint das Opfer zu verhöhnen.

Die Folge dieser geistlichen Ausrichtung sind jene mittelalterlichen Kruzifixe in der Mitte unserer Gotteshäuser, die es bis ins 5. Jahrhundert nicht gab. Sie zeigen vor allem den leidenden Christus anstelle des Auferstandenen. So sehr das Leidensbild Christi eine Möglichkeit bietet, mich als Leidender zu identifizieren, so sehr ist die Freudlosigkeit sein Schatten. Erst in den letzten 100 Jahren hat es auch in der christlichen Kunst eine Wiederentdeckung des erlösten Christus gegeben. Sie prägt auch unsere neuen Kirchen.

Der Heilige Pippo aus dem 16. Jahrhundert zeigt uns die Alternative: Und auch er ist Teil unserer geistlichen Tradition. „Paradiso, paradiso", mit diesen Worten wirft er während der Messe seine Kappe zur Erheiterung der Versammelten plötzlich in die Höhe, eine Geste der Freiheit und Lebensfreude! Auch das ist ein Gebet. Ein verrücktes, aber auch ein wahres Gebet, sicher mit einer ganz anderen Grundstimmung als ein: „Gott, sei mir armen Sünder gnädig!"

Man nehme sich einen Hut zuhause und probiere es einmal aus!

Unmöglich komisch

Manchmal ist Lachen der Anfang einer unmöglichen Möglichkeit. Davon erzählt in unverwechselbarer Weise einer der wenigen Lachgeschichten aus der Bibel (Gen 18–21):

Sarah und Abraham sind alt, sehr alt und kinderlos geblieben. Da besuchen die beiden in ihrem Zelt am Mamre-Wald eines Tages drei Engel in Menschengestalt. Sarah bereitet im Zelt die Speisen, während die drei Männer Abraham vor der Zelttür eröffnen, dass Sarah noch mal schwanger werden wird. Sarah spitzt die Ohren, hört die unglaubliche Nachricht und kann ihr Lachen nicht unterdrücken. „Ich bin so alt und soll doch noch der Liebe mit dem alten Abraham pflegen und davon schwanger werden?" Allein die Vorstellung bringt sie zum Lachen. Lesende denken sich ihren Teil. Dann aber fällt der Satz des Neuanfangs: „Sollte Gott etwas unmöglich sein?"

Lachen kommt von alleine und geht von alleine. Lachen kann der Mensch nicht unterdrücken. Wir lachen zuweilen über Unglaubliches, das doch in Aussicht steht, Dinge, die wir nie zu hoffen oder zu glauben gewagt haben und die dann doch eintreten. „Was, ich? Das? Wirklich? Das ist doch zum Lachen!" Dies wohl ist eines der schönsten und vielleicht auch der frommsten Formen des glaubenden Lachens. Sollte Gott etwas unmöglich sein?

Sarah nannte ihren Sohn, den sie ein Jahr später zur Welt brachte, Isaak. Lachen heißt das. Mit diesem Namen lässt sie sich immer an das göttliche Lachen erinnern, das am Anfang stand. Von einem verrückten, von einem heiteren Gott wird hier erzählt, der die Welt auf den Kopf stellt. Zwei Greise bekommen ein Kind. Bei Gott ist nichts unmöglich.

Narren Christi

In diesen Wochen rollen wieder die Karnevalsumzüge. Auf ihren Wagen werden auch die gesellschaftlichen Verhältnisse aufs Korn genommen, Politiker und Herrschende werden so dargestellt, dass man schmunzeln muss, schmunzeln über harte Wahrheiten. Auf diese Weise zeigt das Volk die Welt, wie es sie sieht.

Im Mittelalter standen an Karneval viel mehr noch der Klerus und die christliche Religion im Zentrum solcher Parodien und Scherze. Zu einem Teil haben sich Priester und Ordensleute selbst daran beteiligt. Es wurden zum Beispiel sogenannte Eselsmessen gefeiert, unglaubliche Parodien der Messe. Das gefiel den Kirchenoberen sicher nicht, aber es wurde hingenommen.

Warum ist der christliche Kosmos so widerständig gegenüber, ja sogar unabhängig von Parodie und Veralberung? Warum hält er Hohn und Spott stand? Ja, mehr noch, warum ist das Christentum in der Lage, sogar Parodien zu integrieren?

Während man in der muslimischen Welt auf die Mohamed-Karikaturen hart reagiert, sind Christen selbst bei der Verunglimpfung Christi relativ gelassen.

Wenn wir in den nächsten Wochen auf die Passion Jesu schauen, ergibt sich eine Erklärung dafür: Auch Jesus ist verspottet worden, bevor er gekreuzigt wurde. Seine radikale Weigerung, Gottes Macht in weltlichem Sinne zu gebrauchen, lässt ihn beinahe als eine lächerliche Person erscheinen. Die Christen beten einen gekreuzigten Esel an, höhnte die römische Welt gegenüber den Gläubigen der ersten Jahrhunderte.

Mit Paulus ist es diesen ersten Christen gelungen, ihre religiöse Verrücktheit anders zu sehen. „Gott hat sich in die Torheit des Kreuzes gegeben in Jesus Christus, um die Welt mit sich zu versöhnen", so schreibt er im 1. Korintherbrief. „Er ist selbst ein Narr geworden, damit wir die Welt überwinden. So sind wir denn als Christen Narren an Christi statt und rufen in die Welt: Lasst euch versöhnen mit Gott!"

Ich bin als Christ in der Welt auch ein Narr, na und? Aus einer solchen Haltung kann viel Freiheit erwachsen. Spott kann da nicht angreifen. Was bringt dann aber die Leichtigkeit im Glauben? Was hält mich davon ab, als trauriger Clown zu enden? „Paradiso, Paradiso" um es noch mal mit dem römischen Heiligen Pippo zu sagen. Oder im Volksmund: Wer zuletzt lacht, lacht am besten. An Ostern – im Osterlachen, in der Feier der Auferstehung.

PASSION

Himmelsbrot

Besorgt werden wir Zeugen, wie Armut und wachsende Existenznöte ein Land verändern können. Ich spreche von Griechenland. Keiner und keine kann eigentlich sagen, dass das Geschehen im Mutterland Europas nichts mit uns zu tun hätte. Nein, wir sitzen alle mit im europäischen Boot, sind zwar weithin noch geprägt durch ein Leben in vollen Zügen. Und doch, die Furcht vor Mangel beginnt die Menschen auch hier wieder zu begleiten, wie kopflos sie auch sein mag. In der berühmten Erzählung „Frederik" des italienischen Schriftstellers Leo Leonni wird von einer Versorgung erzählt, die etwas Geistliches ins Spiel bringt:

„In der ersten Zeit gab es noch viel zu essen und die Mäuse erzählten sich Geschichten über singende Füchse und tanzende Katzen. Da war die Mäusefamilie ganz glücklich! Aber nach und nach waren fast alle Nüsse und Beeren aufgeknabbert, das Stroh war alle und an Körner konnten sie sich kaum noch erinnern. Es war auf einmal sehr kalt zwischen den Steinen der alten Mauer und keiner wollte mehr sprechen. Da fiel ihnen plötzlich ein, wie Frederick von Sonnenstrahlen, Farben und Wörtern gesprochen hatte. ‚Frederick‘, riefen sie, ‚was machen Deine Vorräte?‘ ‚Mach die Augen zu‘, sagte Frederick und kletterte auf einen großen Stein. ‚Jetzt schicke ich euch die Sonnenstrahlen. Fühlt ihr schon, wie warm sie sind? Warm schön und golden?‘"

Sonnenstrahlen, Farben und Worte, die nähren. Diese Fabel erinnert an die Begegnung Jesu mit dem Versucher in der Wüste, dem Evangelium des ersten Fastensonntags. Auch Jesus hatte Hunger. Dann verwandle doch diese Steine in Brot, lockt ihn der Versucher. Er antwortet aber auf den Einwurf: „Der Mensch lebt nicht vom Brot allein, sondern von jedem Wort, das aus Gottes Mund kommt" (Mt 4,4).

Einem Armen zu sagen, er solle sich doch von Gottes Wort ernähren, wäre ohne Frage zynisch. Uns selbst daran zu erinnern, dass unser Leben mehr nährt als nur das, was auf den Tisch kommt, das wird in diesen Zeiten wichtiger denn je. Augen schließen wie die Mäuse in der Frederik-Geschichte und auf Gott hören im Nichtmateriellen, das füllt einen anderen Mangel aus und lenkt die Aufmerksamkeit vom Haben zum Sein.

Kann alleine, brauch nicht alleine!

Die Bibel ist ein Geschichtenbuch merkwürdiger Heldenfiguren, ein besonders spezieller unter ihnen ist Mose. Als Gott ihn am brennenden Dornbusch beruft (Ex 3), das Volk Israel in die Freiheit zu führen, hat Mose Bedenken: „Ach, mein Herr, ich bin von jeher nicht beredt gewesen, auch jetzt nicht, seitdem du mit deinem Knecht redest; denn ich habe eine schwere Sprache und eine schwere Zunge." Schwere Sprache und schwere Zunge! Was könnte Mose gemeint haben? Man vermutet, er hatte einen Sprachfehler, vielleicht war er ein Stotterer oder stand öfter einmal auf dem Schlauch. Grundlos ist dies sicher nicht überliefert. Eins soll klar werden: Er ist wirklich kein geborener Volksführer, kein glänzender Redner und kein ausgewiesener Politiker, und er zweifelt an sich selbst, was diese schwere Aufgabe betrifft. Eine Fehlbesetzung für den Posten?

Das Problem des Mose scheint mir aktueller denn je. Zweifel an den eigenen Fähigkeiten zuzulassen und überhaupt zu benennen ist in diesen Zeiten verpönt. Warum? Weil alle immer auf die Besten starren und von jedem das Beste wollen.

In der Hatz auf Höchstleistung vernachlässigen wir das notwendige Mittelmaß, schreibt der Politikwissenschaftler Markus Reiter in seinem Buch „Lob des Mittelmaßes", und er betont darin, dass auch mittelmäßig oder wenig Begabte viel Anstrengung aufbringen können und darin ihre Grenzen hinausschieben. Die Mittelmäßigen tragen unsere Gesellschaft und bringen sie voran. Das Mittelmaß ist etwas ungemein Wertvolles und nicht minder Wichtiges als die so viel besungenen Superstars und Leistungsträger.

Außerdem gibt es ja noch die anderen. Keiner muss alles alleine können. Wir können einander ergänzen. „Bist nicht allein!", sagt auch Gott. „Ich bin ja da." In biblischem Deutsch: „Ich will mit deinem Munde sein und dich lehren, was du sagen sollst." Und: „Ich habe dir noch einen Bruder an die Seite gestellt. Weißt du denn nicht, dass dein Bruder Aaron beredt ist?" Also: nicht alles alleine können müssen, sondern nach dem Bruder oder der Schwester, nach dem Partner oder Mitarbeiter Ausschau halten. Zu zweit kommt man weit, und zu mehreren immer weiter.

Gründonnerstag: ein Geschenk

Gründonnerstag. Das Geschenk dieses Tages ist für uns Christen das Abendmahl. Jesus feierte es vor seiner Kreuzigung mit seinen Jüngern. Ein Evangelist allerdings setzt an die Stelle des Brotbrechens und Verteilens eine andere Geste des Gebens. Im Johannes-Evangelium wäscht Jesus allen seinen Jüngern die Füße (Joh 13).

Ich muss bei dieser Geschichte immer an einen Mann denken, den ich vor etwa 25 Jahren in Südafrika kennenlernte. Dieser weiße Südafrikaner hatte im Land, das noch von der Apartheid, der Trennung der Rassen, geprägt war, ein Jahr lang seine Arbeit aufgegeben, um mit einer Mission durchs Land zu ziehen. Er hatte eine Holzschüssel auf ein Kreuz genagelt und trug ein T-Shirt mit der Aufschrift: Jesus washed feet are happy feet. Von Jesus gewaschene Füße sind glückliche Füße.

Ich muss jetzt noch schmunzeln, wenn ich daran denke, wie er wem auch immer mit einem fröhlichen Lachen die staubigen Füße wusch, natürlich nicht ohne dem Barfüßigen dabei von der Liebe Jesu Christi zu erzählen. Geschenkt! Der Mann machte dabei keinen Unterschied, ob die Füße nun schwarz, braun oder weiß waren. Er zeigte so auf sehr feine Weise, dass wir als Christen dazu berufen sind, einander zu dienen und zu ehren, ungeachtet der Herkunft. Als weißer Mann stellte er auch die Hierarchien auf den Kopf. Er kniete vor dem Schwarzen nieder, wie es Jesus selbst am letzten Abend bei seinen Jüngern tat. Auch die Jünger waren ja verwundert gewesen: *Du* willst *uns* die Füße waschen?!

Was gibt es wohl für eine entschiedenere Geste des Dienens, als dass einer dem anderen die Füße wäscht! So ist die Hingabe Gottes an dich, Mensch. Von Grund auf will er *dich* erlösen, reinigen. Er ist sich nicht zu schade, er stellt dich in den Mittelpunkt! Das alles zeigt sich in dieser Geste Jesu.

Petrus, der Mensch wie du und ich, wollte dann auch gleich mehr: „Herr, nicht nur die Füße, sondern auch den Kopf!" „Wessen Füße gewaschen sind durch mich, der ist ganz gewaschen", antwortet Jesus. Von Grund auf, von den Füßen statt vom Kopf gewaschen zu sein trägt im Glauben, ist hier betont. Ist nicht wichtiger, wie wir im Leben stehen, als das, was wir uns im Glaubenskopf so denken?

Karfreitag: grünendes Kreuz

Am Eingang der Guntschnapromenade in Bozen, an den Südhängen des alten Weindorfes Gries, hängt ein großes Kruzifix an einer Hauswand, ein Kruzifix, wie man es in Südtirol von vielen Hauswänden kennt. Etwas an diesem Kruzifix ist ungewöhnlich. Es ist über die Jahre umrankt von Wein-Zweigen, sie sind nicht nennenswert beschnitten worden in den letzten zwei Wintern.

Ich weiß nicht, warum das so ist. Etwas daran ist aber gut so. Dieses Kreuz spricht in wunderbarer Weise als Sinnbild. Denn an diesem Kreuz mit Weinranken kann man sehen, wie Kreuz und Auferstehung zusammengehören und wie der Weg vom Tod zum Leben einfach Zeit braucht.

In diesen Wochen und Tagen ist das Kreuz ohne jedes Grün. Der geschundene Leib des Gekreuzigten ist zu sehen. Ein trauriger Anblick. In den Wochen nach Ostern aber beginnt das Grün langsam zu sprießen und die Blätter bedecken das Kreuz mehr und mehr. Das Kreuz wird zum Baum des Lebens. Irgendwann im Hochsommer und Herbst ist das Kreuz bald gar nicht mehr zu sehen. Es ist das reine Leben! Erst wenn die Blätter fallen, kann man es langsam wieder erahnen. Der Herbst und der Winter kommen, und mit dem Rückzug der Natur kommt der Tod wieder ins Blickfeld.

Ich habe den ganzen Winter über das nackte Kreuz gesehen, aber die Zweige lassen mich vertrauen auf das Wiedererstarken des Lebens, das Wachsen – einfach so, ohne Zutun, nicht aus meiner Kraft, sondern aus seiner Kraft.

Nicht aus unserer Kraft, sondern aus der Kraft göttlichen Lebens sind wir erlöst, so die klare Botschaft des Karfreitags. Durch göttliches Leben, das so frei ist, ganz den menschlichen Weg zu gehen, das Leben bis in den Tod zu durchwandern und den Tod so zu überwinden. Christus ein für allemal, einer für alle – wie soll das gehen?, fragen sich viele Menschen zu Recht. Es ist ein Wunder und immer auch ein Geheimnis.

Was es aber für ein Wunder ist, sagt ein namenloser Geistlicher aus dem 3. Jahrhundert so: „Wunder verdienen wir nicht. Wir können nur die Augen für sie öffnen. Wunder sind das Herz des Lebens, das in der Brust der Lebenden schlägt. Glaube nicht, dass du Wunder verdienst – wage es einfach, ihnen zu begegnen."

Karsamstag: Warteraum der Auferstehung

Willkommen im Warteraum der Auferstehung! Dieser Samstag, Karsamstag, ist der schwierige Tag zwischen Karfreitag und Ostermorgen. Sie fürchteten sich und flohen, wird von den Jüngern nach der Kreuzigung berichtet. Und sie blieben in Zweifel und Trauer.

Menschliches Leben ist wahrlich auch heute nicht immer der Himmel. Manchmal möchte man weglaufen vor dem Kummer, vor der Sorge, vor der Welt, vor dem Tod, und man weiß nicht wohin. Karsamstag müssen wir uns eingestehen, dass die Welt noch nicht erlöst ist. Ein Paradox, ein Widerspruch, einer der schwersten des christlichen Kosmos 2000 Jahre nach der Auferstehung Christi: Schon erlöst und doch noch nicht in Frieden! Deswegen drücken Christen in jedem Glaubenskenntnis ihre Hoffnung in die Zukunft aus: Er sitzt zur Rechten Gottes, von dort wird er kommen zu richten die Lebenden und die Toten.

Wenn wir allerdings die Erlösung der Welt nur zeitlich, chronologisch denken und Gottes Kommen am Ende aller Zeiten, dann bleibt alles merkwürdig abstrakt. Das wird dem Wesen der Auferstehung nicht gerecht.

Auferstehung im Geiste Jesu Christi ist doch auch schon Gegenwart: Sie geschieht unter uns täglich, jetzt, überraschend, unerwartet, und doch mit Kraft.

Der ehemalige katholische Generalvikar der Erzdiözese Bamberg, Alois Albrecht, hat noch in seiner Zeit als Priester in einer bayrischen Gemeinde eine der schönsten und bahnbrechenden Lieder über solcherlei Auferstehungserfahrungen geschrieben. Es wird ökumenisch landauf landab gesungen:

„Manchmal feiern wir mitten im Tag
    ein Fest der Auferstehung,
Stunden werden eingeschmolzen
    und ein Glück ist da.
Manchmal feiern wir mitten im Wort
    ein Fest der Auferstehung,
Sätze werden aufgebrochen und ein Lied ist da.
Manchmal feiern wir mitten im Streit
    ein Fest der Auferstehung,
Waffen werden umgeschmiedet und ein Friede ist da.
Manchmal feiern wir mitten im Tun
    ein Fest der Auferstehung,
Sperren werden übersprungen und ein Geist ist da."*

---

* Text: Alois Albrecht; Musik: Peter Janssens, aus: Ihr seid meine Lieder, 1974, alle Rechte im Peter Janssens Musikverlag, Telgte-Westfalen

OSTERN

Sonntagsauferstehung

Brauchen wir den Sonntag? Ja, er ist der Tag des Neu-anfanges. Aber wie sonntags neu anfangen? Als ich nach Südtirol kam, stemmte sich die Politik noch mit aller Kraft gegen die Ladenöffnung am Sonntag. Ich habe das Land dafür bewundert. Aber die großen Geschäfte und Ketten waren stärker. Mit Hilfe der sogenannten Liberalisierung und europäischen Vorgaben fiel der Sonntagsschutz mehr und mehr. Vielen Dank auch!

Nun wird debattiert, wie groß der neue Einkaufstempel für die Bozner Innenstadt werden soll. Bemerkenswert ist, dass die über 40 Kaufleute dem Investor die Stirn bieten, tatsächlich sagen, kaufen und mehr kaufen, das könne nicht die Zukunft sein. Der Konsumtempel, der entsteht, wird so oder so nicht sonntags geschlossen haben. Das kurbelt die Wirtschaft an, heißt es von den

Befürwortern. Wer glaubt das wirklich? Verdichtung der Arbeit ist das Ziel und das Ausquetschen und die Betäubung der Menschen sind die Folge.

Wir brauchen den Sonntag als Tag des Neuanfangs. Wir sprechen ja immer vom Wochenende. In christlicher Tradition ist der Sonntag allerdings eigentlich der erste Tag der Woche. Mit der Auferstehung, mit Ostern, geht eigentlich jede Woche los. Der Samstag, der Schabbat, ist der Tag, an dem auch Gott ruhte, der Sonntag hingegen ist Tag des Aufbruchs, der Auferstehung.

Es ist sehr weise, die Woche mit der Ruhe und dem Fest zu beginnen. Wenn ich etwas beginne, womit würde ich anfangen? Ist es nicht gut, sich zuerst einmal Gedanken zu machen? Fatal ist es, mit dem Konsumrausch oder gleich mit praktischer Arbeit zu beginnen. Das Neue entsteht nicht in der Aktion, sondern zuerst in der Leere, der Ruhe. Die besten Gedanken kommen beim Spazierengehen und beim Rumlümmeln, sie kommen bei-läufig. Der Sonntag ist also zum Anfangen im Nachdenken da, und zum miteinander Reden!

Aufstehen, auferstehen

Frohe Ostern, so grüßen wir uns nach dem Ostersonntag nur noch selten. Manch einer lebt in dieser Zeit nach dem Prinzip „abgehakt und weiter" und geht auch mit den Feiertagen so um. Dem ewigen Vorausschauen, dem ständigen Eilen zum nächsten privaten Ereignis möchte ich mich widersetzen. Ich beginne mit der kleinen täglichen Auferstehung, die die meisten Menschen heute schon hinter sich haben.

Wir gehen immer davon aus, dass wir einfach einschlafen und am nächsten Morgen wieder aufwachen. Aber so selbstverständlich ist das gar nicht. Es ist eigentlich ein Wunder: Nach dieser langen bewusstlosen Zeit des Schlafes komme ich wieder ins Wachbewusstsein. Wer Kinder hat, kann sich erinnern, wie sie sich zum Teil mit Schreien und Quengeln damit mühen, überhaupt erst einzuschlafen. Und warum? Sie haben oft Angst. Sie wissen nicht, was geschieht. Sie müssen sich plötzlich dieser Kraft überlassen, die sie übermannt und sie hinabführt in ein Reich, in dem sie nicht mehr die Herrschaft haben über ihr Tun. Hinzu kommt die Dunkelheit, in der sie um die Orientierung gebracht sind. Augen und Ohren schalten sich weitgehend ab.

Der Schlaf ist auch für uns Erwachsene eine Situation ausgesprochener Ohnmacht. Wer schläft, ist ausgeliefert. Und wenn es dann ganz schlimm kommt, begegnen wir auch noch Traurigem und Schrecklichem im Traum oder im Halbschlaf. Ich grübele herum, schrecke auf oder wälze mich. Die Nacht ist auch Zeit der Sorge.

Wie schön ist es demgegenüber, wenn dann eine Nacht, im ärgsten Falle eine angst- und sorgenvolle, vorbei ist und wie gut, wenn wir trotzdem frischer und stärker wieder aufstehen und merken: Ich bin noch da. Die Welt ist noch da. Ich habe die Nacht ohne Schaden überstanden. Sie ist vorbei. Jetzt kann es wieder losgehen.

All diese Empfindungen sind es, die Menschen Abend- und Morgengebete sprechen lassen. Abendgebete, in denen sie ihr Leib und Leben Gott anvertrauen für die Zeit innerer und äußerer Dunkelheit, und Morgengebete, in denen Dank dem Schöpfer geäußert wird für gelungene Bewahrung: Ich bin noch da, ich lebe. Wenn in den Häusern heute gebetet wird, dann wohl am ehesten am Abend mit den Kindern. So wird vielen die Angst genommen, die mit der Nacht kommt. Warum nicht auch morgens beten, beim Aufstehen? Zum Beispiel: „Danke für diesen neuen Tag, wieder eine kleine Auferstehung an diesem Morgen, Du hast sie mir geschenkt."

Wenn Tote von sich hören lassen

„Christ ist erstanden, Halleluja", so wird am Osterfest in den Kirchen rund um die Welt gesungen. Wer an die Auferstehung der Toten, die mit Jesus von Nazareth begann? Wohin war Jesus verschwunden?

In der Bibel wird berichtet, dass Jesus hier und dort von verschiedenen Jüngerinnen und Jüngern gesehen worden ist in den 40 Tagen zwischen Tod und Himmelfahrt. Sie haben ihn unmittelbar bezeugt.

Ich denke an einen Menschen, der mich als Pfarrer wenige Wochen nach der Beerdigung seiner Mutter erneut aufsuchte, ein ganz rationaler Mann, der es viel mit Zahlen und Abrechnungen zu tun hatte. Er zählte auch auf seinen Glauben. Aber er war, weiß Gott, kein Schwärmer. Der kam nun eines Tages und druckste herum: „Herr Pfarrer, ich muss mit Ihnen sprechen. Ich weiß jetzt nicht, ob Sie mich für komisch oder verrückt halten. Ich saß eines Nachmittags auf dem Sofa, die Balkontür war ein wenig aufgeschoben. Wir haben dort so ein Glockenspiel hängen, das zu klingeln anfängt, wenn der Wind hindurchgeht. Und da kam so ein Luftzug, es klingelte, und ich hatte, ja, ich hatte ganz fest den Eindruck: Sie war da, meine Mutter war noch einmal ganz bei mir."

Es gehört zum Wesen des Abschieds von einem geliebten Menschen, dass wir auch nach seinem Tod starke Eindrücke von seiner andauernden Lebendigkeit sammeln, so wie dieser Mann. Zeichen, dass die Verstorbenen weiterleben. Auch im Traum werden sie uns geschenkt.

Eine Freundin erzählte mir lachend, ihre Mutter hätte ihr noch einmal im Traum gesagt, sie solle nicht so viel rauchen. Und sie hätte ihr, bevor sie sich wieder verabschiedete, gezeigt, wo es hinausging aus dieser Welt in die andere Welt. Hinten in der Ecke ihres Gartens. Da sei sie dann auch wieder verschwunden. Und alles sei gut gewesen.

Wir sagen dann schnell: In unserem Gedächtnis leben die Menschen weiter. Ich glaube, nur vom Gedächtnis zu reden ist zu wenig. Wir sind doch alle miteinander vernetzt in der Gemeinschaft der Heiligen.

Und wenn die Erinnerungen schwächer werden? Das ist nicht schlimm. So ist Abschied. Wir als Lebende haben ja auch hier noch unsere Aufgaben, zu denen wir täglich aufzustehen haben. Lassen wir die Toten also in Frieden ziehen!

In ein Haus aus Licht

Manchmal stehen wir auf,
stehen wir zur Auferstehung auf,
mitten am Tage,
mit unserem lebendigen Haar,
mit unserer atmenden Haut.

Nur das Gewohnte ist um uns.
Keine Fata Morgana von Palmen
mit weidenden Löwen
und sanften Wölfen.

Die Weckuhren hören nicht auf zu ticken,
Ihre Leuchtzeiger löschen nicht aus.

Und dennoch leicht,
Und dennoch unverwundbar,
geordnet in geheimnisvolle Ordnung,
vorweggenommen in ein Haus aus Licht.*

Dieses Gedicht der bekannten Dichterin Marie Luise
Kaschnitz, die Auferstehung mitten am Tage, hat vielen
Menschen den Gedanken der Auferstehung neu nahe-
bringen können.

---

* Marie-Luise Kaschnitz, Überallnie, Frankfurt a. M. 1984, 16. © MLK-
Erbengemeinschaft Berlin/München.

„Manchmal stehen wir auf,/stehen wir zur Auferstehung auf,/mitten am Tage, mit unserem lebendigen Haar,/mit unserer atmenden Haut", beginnt die Dichterin. Kein Schmerz, kein Tod oder Zerfall wird hier beschrieben, sondern reine Lebendigkeit, die uns als Menschen geschenkt ist, mit Haut und Haar.

Wir sind zwar nicht im Paradies auf dieser Erde, keine Fata Morgana von Palmen wie auf der Südseetapete. Auch den Wecker gibt es noch, den unbarmherzigen Anzeiger der verrinnenden Zeit. Aber dann kommt es, das „Dennoch": „Und dennoch leicht, und dennoch verwundbar, geordnet in geheimnisvoller Ordnung, vorweggenommen in ein Haus aus Licht."

Auch das sind wir im Leben, will Kaschnitz sagen. Als Auferstandene haben wir schon teil an der geheimnisvollen Ordnung Gottes, wir werden auch schon bewahrt in seinem Haus des Lichts. Es ist ein fester, es ist ein leichter Zustand. Wir sind nicht unverwundbar, aber wir sind auch schon da. Wir sind in dem, was uns leuchtet.

Allen, die sich lieber in dunkle Zimmer einschließen, allen, die dem Leben wenig abgewinnen können, allen, die steckengeblieben sind in den Lasten des Lebens, wünsche ich solcherlei Auferstehungen ins Haus des Lichts. Die geheimnisvolle gute Ordnung, sie ist ja schon da.

Steh auf, bewege dich!

„Steh auf, bewege dich, denn schon ein erster Schritt verändert dich, verändert mich, steh auf bewege dich!", so lautet der Text eines beliebten neuen Kanons, den ich immer wieder mit Jung und Alt singe.

Die Frage wäre nur: Was hat das mit der österlichen Auferstehung Jesu Christi zu tun? Nun, auch in der Geschichte Jesu begann die Kraft der Auferstehung viel früher zu wirken als erst an Ostern. Da gibt es zum Beispiel die wunderbare Geschichte eines Gelähmten, der schlicht durch die Worte Jesu geheilt wurde: „Steh auf, nimm dein Bett und geh!" (Joh 5,8).

Bis es so weit kommen konnte, dass Jesus in direkten Kontakt trat mit dem Kranken selbst, waren schon einige aufgestanden und hatten sich bewegt. Die Freunde des Kranken oder seine Verwandten hatten entschieden, ihn auf die Bahre zu legen und ihn zu bringen. Sie hatten angesichts der Menschenmenge sogar das Dach des Hauses abgedeckt, in dem sich Jesus aufhielt, und sie hatten den Kranken an Seilen auf seiner Bahre hinabgelassen.

Jeder, der Erfahrungen mit Krankheit und Krankenbehandlung heute macht, weiß, dass es vor allem auch den Willen und den Einsatz derjenigen, die noch können, braucht, um aufzustehen und zu verändern. Und vor allem den Willen des Kranken: Ich will da hin. Ich brauche diese Therapie, diesen Kontakt, ich muss raus aus der Ohnmacht. Diesen Willen, dieses Aufstehen zu stärken ist der Sinn jeder Selbsthilfegruppe. Und wenn man dann vorgedrungen ist, wohin man wollte, dann lassen sich jene, die unerreichbar schienen, in der direkten Begegnung oft gut ansprechen. So ließ auch Jesus sich ansprechen. Vieles ist damit bereits verändert.

Was dann in der Bibel erzählt wird, ist beinahe zu schön, um wahr zu sein. Der Gelähmte wird spontan geheilt durch die Aufforderung dessen, der selbst reine Gotteskraft ist: „Steh auf, nimm dein Bett und geh!" Steh auf bewege dich, denn schon der erste Schritt verändert dich, verändert mich, steh auf, bewege dich.

Heilung beginnt viel früher als in der Begegnung mit dem Arzt. Auferstehung ist ein Prozess des Aufstehens in die gedankliche und körperliche Bewegung hinein. Und wenn wir anfangen, uns zu bewegen, dann bewegen sich die anderen plötzlich auch. Was erstarrt war, kommt in Bewegung. Das ist der Weg vom Tod ins Leben: Erste Schritte und Bewegungen dort, wo alles in Lähmung gefangen schien.

Ich habe einen Traum

„Deswegen sage ich ihnen, meine Freunde, dass ich immer noch einen Traum habe, obwohl wir den Schwierigkeiten von heute und morgen entgegensehen. Es ist ein Traum, der seine Wurzel tief im amerikanischen Traum hat, dass diese Nation eines Tages aufstehen wird und der wahren Bedeutung seines Glaubensbekenntnisses gerecht wird, das da heißt ‚alle Menschen sind gleich geschaffen'. Ich habe einen Traum, dass eines Tages die Söhne von früheren Sklaven und die Söhne von früheren Sklavenbesitzern auf den roten Hügeln von Georgia sich am Tisch der Bruderschaft gemeinsam niedersetzen können."

Dies sind die Worte des berühmten Martin Luther King, Pfarrer und Führer der amerikanischen Befreiungsbewegung der Schwarzen. Er hielt sie anlässlich des Marsches auf Washington. „I have a dream!", auch das ist eine österliche Auferstehungsbotschaft, die Nation wird aufstehen zur Gleichberechtigung, zur Würde aller Menschen.

Es ist nicht das Aufstehen und Aufbrechen derer, die von Krankheit behaftet sind. Es ist jene Auferstehung, bei der Menschen für Recht und Gerechtigkeit aufstehen. Es geht um Auferstehungen aus sozialen Krankheiten heraus. Sie heißen Unterdrückung und Ausbeutung. Auch hier ist es so, dass sich nicht nur die Unterdrückten bewegen, sie bewegen sich allerdings zuerst. Aber dann bewegen sich auch die Unterdrücker. Sie müssen sich bewegen, damit der himmlische Traum in Erfüllung geht, ein Tisch der brüderlichen Gemeinschaft verschiedener Menschen. Der Traum der Auferstehung funktioniert nicht so, dass ich aufstehe auf Kosten anderer, der Traum holt alle zugleich mit an den Tisch.

Wir erkennen Martin Luther King als religiösen, als gläubigen Menschen. Er entwirft ein Bild der Auferstehung von der sozialen Krankheit für alle. Das Bild für diesen Traum hat er aus der Bibel: Alle Völker sitzen zusammen an einem Tisch im himmlischen Jerusalem.

Ungerechtigkeit, Unterdrückung und Ausbeutung finden wir überall, da brauchen wir nicht auf die anderen Kontinente zu zeigen. Jerusalem ist auch überall, nicht nur der Berg in Georgia.

Alle, die den Mut haben, sich gegen Unrecht zu wehren, die nicht aufhören, von einer besseren Welt zu träumen und Schritte dorthin zu wagen, die leben im Lichte der Auferstehung vom Tod. Jetzt schon.

Herzbrennen

Wann habe ich das letzte Mal etwas ganz neu begonnen? Wann habe ich letzten echten Neuanfang erlebt? Je älter wir werden, desto weniger gibt es offensichtlich Neuanfänge. Je reifer wir werden, desto schwerer scheint es wohl zu sein, etwas neu zu beginnen. Der Mensch, so heißt es treffend, ist ein Gewohnheitstier. Mittlerweile wissen uns sogar Neurobiologen zu belehren, dass wir Menschen es lieben, immer die gleichen Verschaltungen in unserem Gehirn abzuwandern, je älter wir werden. Der andere denkt schließlich bei sich: Jetzt erzählt er schon wieder dasselbe. Aber das ist nur die halbe Wahrheit.

Die andere halbe Wahrheit ist, dass es immer wieder Neuanfänge gibt und geben muss. Vor allem dann, wenn sich unser Leben radikal ändert. Krass ist die Lebensänderung, die dadurch entsteht, dass man einen Menschen verliert. Und sie kommt ja nicht selten vor. Da fallen Menschen oftmals in eine tiefe Leere. Die ganze Welt scheint mit einem Film der Traurigkeit überzogen, kein Sonnenstrahl wärmt, kein Lachen lockt mehr richtig.

So wird es auch den beiden Jüngern nach der Kreuzigung auf dem Weg nach Emmaus gegangen sein (Lk 24). Sie hatten den gewaltsamen Tod ihres geliebten, geschätzten Jesus bezeugt. Sie hatten Zukunftsangst und waren traurig. Erst auf dem Weg und mit Hilfe des Fremden, der mit ihnen geht, können sie der ganzen Qual einen gewissen Sinn abgewinnen. Der Neuanfang ist aber erst gemacht, als sie mit dem neuen Fremden am Tisch sitzen und abends das Brot brechen, wenn sie also mit jemandem teilen. Einmal ganz davon abgesehen, dass sich der Auferstandene zeigt, als sie miteinander essen: Ist es nicht eine der schönsten Formen des Neuanfangs, mit einem Fremden das Mahl zu teilen?

Wann habe ich das letzte Mal einen Fremden zu mir zum Essen eingeladen und so etwas ganz neu angefangen? Es kostet Mut, aber es hält Überraschendes bereit. Und manchmal hinterlässt es sogar ein brennendes Herz. Brannte nicht unser Herz, fragen sich die Jünger, nachdem der Fremde wieder gegangen war.

Höhere Autorität

Aufs Neuanfangen will ich schauen im Zeichen des Osterfestes. Mein neunjähriger Sohn hat ein neues Spiel angefangen, das er sich auf mein Smartphone geladen hatte. Auf diese Weise bekomme ich gut mit, wie das so funktioniert. Im Spiel bewirtschaftet er einen Bauernhof. Das ist faszinierend. Es gibt immer viel zu tun, und ich bekomme während irgendeiner Sitzung dann die Nachricht, es gäbe ein Feld abzuernten. Bezeichnend an dem Spiel ist: Es bindet die Aufmerksamkeit des Spielenden sehr, weil es wie in der Landwirtschaft immer irgendwelche Zeitfenster gibt, in denen bestimmte Dinge gemacht werden müssen. Das Spiel ist auch insofern raffiniert, als es irgendwann einen Moment gibt, wo es einem die Botschaft einspielt, man müsse jetzt den Kauf des Spiels bestätigen. Das Risiko, da auch „ja" zu drücken, ist groß. So wird Spiel ganz plötzlich zu Ernst und schwups, ist man echter Kunde. Es ist doch unglaublich: So werden schon unsere Kinder massiv manipuliert, und wir Eltern schauen zu. Wann wachen wir endlich auf und begreifen, was diese Verlockungen mit uns und unseren Kindern machen? Es wird höchste Zeit, dass wir eine Medienethik entwickeln, in der wir das Abschalten lernen.

„Es ist halt schwer, ihnen Grenzen zu setzen", höre ich. Ist es das wirklich? Ich hatte neulich in der Hinsicht eine interessante Erfahrung mit meinem Sohn. Ich sagte: „Jetzt gibst du mir das Smartphone." Er jaulte, er müsse noch dies und jenes, sonst … „Du, es passiert gar nichts, wenn du das jetzt unterbrichst." Jaulend verkroch er sich. Beim zweiten Mal, als ich ihn unterbrach und ruhig sagte, „jetzt ist stop", ging das schon ohne größere Kommentare, ohne innere und äußere Kämpfe ab. Er machte einfach etwas anderes.

Die Erfahrung wirft uns auf uns selbst zurück: Kann ich denn gut etwas lassen, von dem ich meine, es müsse unbedingt weitergeführt werden, jetzt, sofort und ohne Aufschub? Und es gibt uns Beispiel: Genauso ist das Sonntagsgebot gemeint, wenn wir es von Gott bestimmen lassen. Gott will, dass ich unterbreche, auch wenn ich dies und das und jenes alles tun muss. Und ich kann nur dann frei werden und neu anfangen, wenn diese Unterbrechung auch gelingt. Also, was hält uns davon ab, zu sagen: „Nein, ich arbeite heute nicht durch und weiter." „Warum denn nicht?" „Weil Gott, mein Vater im Himmel, es so will!"

ANFREUNDEN

Von der Hand auf der Schulter

Kürzlich habe ich mich mit einem Freund getroffen. Das ist an sich nichts Besonders, aber er lebt seit einigen Jahren in Singapur und ich hier, und wir haben beide einen Umweg von ein paar hundert Kilometern in Kauf genommen, nur um ein paar Stunden miteinander Zeit zu verbringen. Irgendwo im Nirgendwo haben wir uns auf einem Parkplatz getroffen und dann ausgedehnt Zeit miteinander in einem Gasthaus verbracht, mit Reden, Lachen und auch Weinen. Wir hatten uns zwei Jahre nicht gesehen, nur selten telefoniert, und doch konnten wir sofort wieder anknüpfen an das Vertrauen, das unter uns gewachsen war. Als wir uns dann wieder voneinander trennten, ging es uns gut, ja bestimmt besser als vorher mit dem anderen und mit uns selbst. Kostbares Gut, Freundschaft, dachte ich auf dem Nachhauseweg.

Weil Freundschaft so kostbar ist, bedarf sie der Pflege, das nehme ich wieder mit aus dieser Begegnung. Freundschaft zu pflegen ist in Zeiten großer Mobilität und wechselnder Lebensmittelpunkte in einer global gewordenen Welt schwerer geworden. Auch das Bildtelefon kann nicht die freundliche Hand auf der Schulter ersetzen. Aber Freundschaft zu pflegen ist dennoch möglich. Denn wenn der Freundschaft eine gute Basis gelegt ist, dann ist sie auch nach langen Zeiten recht einfach wieder zu beleben. Vor allem braucht man dazu eins: den Willen zur Hinwendung. Bei großen Distanzen kann das manchmal auch schwer werden. Aber es lohnt sich. Gelingt eine freundschaftliche Begegnung durch den Einsatz beider Beteiligter, kehrt man bereichert zurück. Ist nicht auch Freundschaft das, was eigentlich zählt im Leben?

Kennenlernen

Am Anfang aller Freundschaft steht das Kennenlernen. Diese beiden Worte sprechen Bände. Niemanden können wir sofort kennen, es bedarf eines längeren Kennen-Lernens. Erst wenn ich gelernt habe, kann ich behaupten: Meinen Freund kenne ich wirklich ganz gut; diese Freundin habe ich kennen gelernt. Wir bezeichnen ja mit dem Kennenlernen oft nur den Anfang einer Begegnung. Das ist eigentlich schade. Wir müssen in Betracht ziehen, dass wir uns auch ändern. Und wenn wir uns ändern, müsste Freundschaft dann nicht ein sich ständig fortsetzendes Kennenlernen sein?

In der Tat sind Freundschaften durch ständig neues Kennenlernen herausgefordert, verändern wir uns doch immer wieder durch das, was wir erleben. Wir entwickeln uns beruflich oder gehen privat durch große Veränderungen. Freundschaft wird zum Beispiel durch geschlossene Ehen auf die Probe gestellt. Deswegen gibt es so etwas wie einen Junggesellen-Abschied. Oder Kinder verändern die Freundschaften. „Bei denen dreht sich jetzt alles nur noch um die Kinder", heißt es dann schnell.

Die Kunst ist es, in diesem unsteten Dasein den anderen über die eigenen Veränderungen auf dem Laufenden zu halten. Und die Veränderungen des anderen nach-zuvollziehen. Vielleicht muss man auch aushalten, dass der Freund sagt: „Mensch, ich erkenn dich gar nicht wieder!" Von Menschen in Trauer oder von anderen Schicksalsschlägen Betroffenen höre ich immer wie-der, dass sich ihr Freundeskreis stark verändert hat. Es zeigt sich dann, wer wirklich mitgehen kann mit einer solchen Veränderung. Manche Freundschaft ist dazu tatsächlich nicht geeignet.

Das Schwelgen in guten alten Zeiten wird vermutlich zum Erhalt von Freundschaft nie reichen. Ich will mich also aufmachen, meine echten Freunde immer wieder neu kennenzulernen!

Freundschaftsabstand

Beginnt alle Liebe mit Freundschaft? Viele Paare haben mir auf ihrem Weg zur Hochzeit von der Liebe auf den ersten Blick erzählt; diese Möglichkeit will ich also nicht verleugnen. Aber ich wage zu behaupten, dass tragfähige, langlebige Liebe tatsächlich oft mit Freundschaft beginnt. Rührende Geschichten irgendwelcher Tandem-Partner im Sprachenlernen rund um die Welt sind mir begegnet, die sich über Monate Stück für Stück die Sprache und die Welt des anderen aneigneten, um irgendwann, als sie einander im wahrsten Sinne des Wortes endlich verstanden, plötzlich merkten, dass das Liebe ist.

Wie sehr man auch das Dating in Internetforen kritisieren mag, die Foren haben doch auch eine Stärke: Es wird in ihnen eine Briefkultur gepflegt, in der auch erst einmal so etwas wachsen kann wie Freundschaft. Freundschaft gründet darauf, dass man einander kennen lernt und verstehen lernt, sicher auch, dass man den anderen einfach mag, vor allem weil man in mehr Ansichten und Empfindungen übereinstimmt als sich zu unterscheiden. Im geschriebenen Wort ist eine bestimmte Art des Respekts zum Ausdruck gebracht, die wirklich ihre Stärken hat.

Aus Freundschaft wird Liebe. In Liebe werden dann Ehen geschlossen, die Ehe bedarf aber genauso wie die Liebe weiter der Freundschaft. Manch einer mag ja aus dem Grund nicht heiraten, weil er fürchtet, die Freundschaft würde dabei verlorengehen. Dabei ist die Ehe Hilfe, in der Liebe zu leben. An der Freundschaft in der Ehe gilt es indes weiter dranzubleiben. Denn der Schatten des Vertrauens ist die Gewöhnung. Ja, so ist er eben, ja, so macht sie das. Das kann entlastend sein, aber auch lähmend. Eintönigkeit lässt Freundschaft und Liebe verlorengehen.

Ein gerüttelt Maß an Abstand belebt die Freundschaft und damit auch die Liebe, man hat den Blick wieder freier, den anderen neu und anders kennen zu lernen. Also: hin und wieder Freundschaftsabstand halten!

Freunde brauchen

„You've got a friend" – wunderschön, dieser warme Pop-Song von Carole Taylor aus dem Jahr 1971. Er wird ja heute noch gerne gespielt. Sicher ist er immer noch deswegen so beliebt, weil er einen Urwunsch des Menschen wunderbar beschreibt, den Wunsch: Wenn es mir mal richtig schlecht geht, dann wünsche ich mir einen Freund, der kompromisslos für mich da ist. „Frühling, Sommer, Herbst oder Winter, du brauchst nur anzurufen, und ich komme sofort angerannt, du hast einen Freund!", darin gipfelt der Text. Ist das, wie es ist?

Ich sehe eher, dass es einer gewaltigen Überwindung bedarf, einen Freund, eine Freundin anzurufen, wenn es einem wirklich schlecht geht. Und ich finde es auch gar nicht so leicht, den richtigen unter den Freunden auszumachen. Die Menschen wollen einander nicht belasten. „Geht schon!", heißt es da ganz schnell und das Thema ist abgehandelt. Oder Betroffene denken im Stillen: Vielleicht geh ich doch besser gleich zum Psychologen. Dann mache ich mich nicht abhängig, dann belaste ich keine Freundschaft.

So scheint es zu sein. Aber es ist auch anders. Viele Freunde leihen einander das Ohr, heulen oder lachen sich beieinander aus, erzählen stundenlang am Telefon,

das sind aber wohl eher Freundinnen als Freunde …
Männer wie Frauen können füreinander da sein, wenn
es dick kommt. Das sind dann nie viele, aber es sind
die richtigen. Und es sind nicht immer nur die alten
Freunde. Es sind auch Menschen, die einem dann plötzlich und überraschend beiseite stehen und zu Freunden
werden.

Eine Frage hab ich noch, denn ich habe mehr Fragen als
Antworten: Kann Freundschaft jemals ein ausgewoge-
nes Verhältnis von Geben und Nehmen sein? Muss es
das? Oder ist es eher so, dass ich in der einen Freundschaft eher mehr gebe und in der anderen mehr emp-
fange? Aber das waren schon drei Fragen. Das reicht
also jetzt für heute.

Freund sein – Geld haben

Bei Geld hört die Freundschaft auf, sagt man sprichwörtlich. In der Tat sind der Mammon und der Mate-
rialismus einer der größten Feinde der Freundschaft in
dieser Zeit. Nicht selten kommt es vor, dass Menschen,
die einander lange kennen und als Freunde schätzen,
unterschiedliche wirtschaftliche Entwicklungen durch-
machen. Zum Teil können sie etwas dafür, zum Teil
aber auch nicht. Wer in der zweiten Lebenshälfte auf
dieser Erde unterwegs ist, der sieht mehr und mehr, von
wie viel Unwägbarkeiten auch der persönliche Wohlstand abhängig ist.

Freunde sollten sich hüten, einander zu sehr in diesem
Bereich zu vergleichen oder gar mit einander zu messen.
Fakt ist aber, dass genau das immer wieder passiert. Es
ist einfach menschlich. Und das ist immer schon so
gewesen. Es scheint kein Zufall, dass das Gebot „Du
sollst nicht begehren deines Nächsten Haus und Hab
und Gut!" (Ex 20,17) gleich zweimal hintereinander
genannt wird in der Bibel. Also: kein Neid!

Was aber, wenn das Haben für den Wohlhabenderen
selbst so sehr zum Lebensmittelpunkt geworden ist,
dass Blick und Basis für Freundschaft mehr und mehr
verstellt werden? Die Verführung des Habens ist ja die,

dass das Haben die Aufmerksamkeit auf sich zieht und bindet. Das gilt eben besonders auch für die, die viel haben. Und mit dem Mehrhaben wächst dann leider auch das Misstrauen gegenüber Freunden: Meint der wirklich mich oder meinen Wohlstand? Ist das ein falscher Freund? Da kommt dann hier und da sicher auch Scham ins Spiel. Und all dies versuchen Menschen zu umgehen, indem sie sich möglichst unter gleich Wohlhabenden aufhalten.

Freundschaft ist ein immaterielles Gut. Das sagt die Bibel so: „Ein treuer Freund ist nicht mit Geld oder Gut zu bezahlen, und sein Wert ist nicht hoch genug zu schätzen"(Sir 6,15). Eingedenk dieser Erkenntnis sind besonders diejenigen zu beglückwünschen, denen es gelingt, vom Haben abzusehen in ihren Freundschaften und einfach gut miteinander zu sein. Die gibt es auch, reichlich, Gott sei Dank!

Freund Jesus Christus

„Euch hab ich gesagt, dass ihr Freunde seid", so Jesus von Nazareth in seiner Tischrede zum letzten Abendmahl in Johannes 15,15. Kann Freundschaft unter Menschen Bild sein für die Freundschaft Gottes in Jesus Christus? Liest man das Johannes-Evangelium, dann ja. Wir entdecken die Jünger so neu als Jesu Freundeskreis. Das ist jener Kreis, in dem sie miteinander gelebt und gehandelt, gelacht und gestritten haben, der Freundeskreis, in dem es auch tiefe Meinungsverschiedenheiten gegeben hat, ja sogar Verleugnung und Verrat. Jener Kreis auch, in dem Jesus seinen größten Freundschaftserweis erbrachte: sich für die Freunde hinzugeben in den Tod.

Auf den Schultern des verleugnenden Freundes Petrus hat der Auferstandene seine Kirche gebaut. Echte Freundschaft bedeutet eben auch, verzeihen zu können. Bereits Sprüche 17,9 sagt so schön: „Wer über die Fehler anderer hinwegsehen kann, gewinnt ihre Liebe; wer alte Fehler immer wieder ausgräbt, zerstört jede Freundschaft." Wir Christen sind eingeladen, Freunde Jesu Christi zu sein, auch weil er in seiner Gnade großzügig über unsere Fehler hinwegsieht.

Man könnte auch sagen: In Jesus Christus ist Gott zu unserem Freund geworden. In ihm hat er uns ein für allemal gezeigt: Gott ist Freund der Menschen, freundlich, nicht feindlich. Er hat ein großes Herz für uns, liebt, will wahrhaftig sein und will, dass wir wahrhaftig und ehrlich mit ihm umgehen. Es ist also auch an uns, diese Freundschaft zu pflegen. Zum Beispiel am Sonntag. Der Sonntag ist ja für die Pflege von Freundschaften vorgesehen, von himmlischen und irdischen Freundschaften. Ein Hoch auf die Freundschaft!

MEER

Ans Meer

Die Sommermonate kommen. „Und was machst du im Urlaub?" „Ans Meer fahren", höre ich immer wieder sagen. Und manchmal ergänzend: „Wie jedes Jahr". Wie ist es möglich, dass so viele Menschen so eine tiefe Sehnsucht nach dem Meer haben und dann auch ans große, weite Wasser fahren? Wie kommt es, dass es ihnen über Tage hin genügt, sich an dieser Grenze zwischen Wasser und Land aufzuhalten? Dass sie sich dabei erholen? Was ist das Meer, menschlich und geistlich?

Zuerst: Dänemark steht ganz oben auf dem Index der weltweit glücklichsten Bevölkerungen. Es gibt eine interessante Erklärung dafür. Kein Land hat so viel Küstenkilometer pro Einwohner wie Dänemark. Wer an der Küste steht, kann vor allem eines tanken: Weite. Jenseits der engen Welt der Häuser und der Arbeit. Weite. Jenseits unserer Geschäftigkeit und Verstrickung.

Ein neues geistliches Lied kommt auch aus Skandinavien. Es hat seit dreißig Jahren großen Erfolg unter den evangelischen Christen, wenngleich die Theologen und Denker mit den darin beschriebenen Bildern wenig anfangen können. Der Refrain lautet: „Herr, deine Liebe ist wie Gras und Ufer, wie Wind und Weite und wie ein Zuhaus." Kann die Liebe Gottes wie Gras und Ufer sein, wie Wind und Weite und wie ein Zuhause?

Wer am Meer steht und ausatmet, der kann diese Worte sicher verstehen. Manchmal reicht es schon, jetzt die Augen zu schließen und sich das vorzustellen. Vorfreude ist bekanntlich die schönste Freude!

Am äußersten Meer

Am zweiten Schöpfungstag, so erzählt der biblische My-
thos, trennte Gott Himmel und Erde, Land und Meer.
Er schuf damit den Grund, auf dem wir Menschen leben können. Das Meer ist uns Menschen seitdem ein
zweischneidiges Gegenüber. Wir sind eigentlich nicht
gemacht für das Meer. Wir haben weder Schwimm-
häute noch Kiemen.

Dennoch lockt das Meer uns immer wieder. Es muss
nicht gleich das Surfen auf Riesenwellen sein oder das
Tauchen in den tiefsten Tiefen. Jedes Hinausschwim-
men vom Strand aus ist ein kleines Abenteuer, ein
kalkuliertes Risiko. So herrlich es ist, so gewaltig ist
es zugleich. Wenn man aufbricht zum Hinausschwim-
men, muss man seine Kraftgrenzen gut kennen und im
Blick behalten. Ertrinken droht immer. Gleiches gilt
für jede Seefahrt und für jeden Flug über das Meer.
Wer hat denn noch nicht, im Flieger über dem Meer
sitzend, gedacht: Was wäre, wenn ich da jetzt hinein-
stürzen würde? Angesichts des Meeres brauchen wir
Gott besonders.

Psalm 139 sagt es in poetischen Worten so: „Nähme ich Flügel der Morgenröte und flöge ans äußerste Meer, so würde auch dort deine Hand mich halten und deine Rechte mich führen." Behütet sein, getragen sein, selbst am entlegensten Ort, den ich aufsuche, am äußersten Meer. Maritimer Glaube.

Meerstern Maria

„Ich schwimme", sagte mir neulich ein Bekannter, als ich ihn nach seiner Lebenssituation fragte. Schwimmen, ein Bild für das Leben unter der ständigen Bedrohung zu sinken, ein Bild für erhebliche Kraftanstrengung, für Durchhalten ohne die rechte Orientierung, aber mit der Hoffnung, irgendwann wieder festen Boden unter den Füßen zu haben. Ich schwimme, ein Bild für ein Fortkommen, das uns als Landmenschen eigentlich nicht entspricht. Wie schafft man sich Orientierung in dieser Wüste Leben, die zuweilen wie ein Meer ist, ohne Land in Sicht und ohne sicheren Hafen? Wie orientiert man sich in einem Leben, in dem man schwimmt?

Seit Menschengedenken werden in der Seefahrt die Sterne für die Orientierung benutzt. Auch die christliche Seefahrt des Mittelalters bediente sich der Astronomie. Ist es da verwunderlich, dass Maria der Namen Stella Maris, Meerstern, verliehen wurde? Maria als Lichtpunkt über dem Meer, der leitet, als Fixpunkt, wenn ich in der Dunkelheit durchs Leben schwimmen muss.

Maria als Sternenhimmel, Kosmos im Chaos. Als ordnende Kraft, umhängt mit einem blauen Mantel voller Sterne.

Sehr beliebt ist das „Meerstern, ich dich grüße" aus dem katholischen Gotteslob. Und es ist, wie könnte es anders sein, ein Hilferuf derer, die schwimmen. Der Entertainer Thomas Gottschalk hat einmal erzählt, wie tief sich dieses Lied in seine Seele gegraben hat. Wir evangelischen Christen können Maria nicht als Fürsprecherin grüßen. Ihr Bild hingegen möchte ich nicht missen, Stern über dem Meer, Mutter, Zeichen der Orientierung. Gott schenkt dies Bild all denen, die schwimmen.

Aus der Tiefe

Wer wird in diesem Sommer wieder im Meer schwimmen? Wenn das Wasser klar ist und man sich ein Stück getraut, seine Bahnen hinaus zu ziehen, dann wird es irgendwann dunkel, manchmal unheimlich dunkel. Da liegt dann dieses stille Reich der Unterwasserwelt unter einem, langsam, verschlossen, kraftvoll, the deep blue! Die Tiefe hat etwas Faszinierendes und Beängstigendes zugleich. Die Tiefe des Meeres bildet eine Welt, die uns, je weiter es hinuntergeht, verborgen ist. So verborgen, dass wir selbst mit den stärksten technischen Hilfsmitteln nur mit Mühen hingelangen. Die Tiefe des Meeres bedeutet für uns Menschen auch den Tod.

Unvergessen die sagenhafte Legende von Jona. Er flieht vor Gottes Auftrag, wird von den Seeleuten auf See über Bord geworfen. Er allein war Schuld am aufgewühlten Meer, am lebensbedrohlichen Sturm.

Als er in die Tiefe sinkt, beruhigt es sich. Er aber gerät in noch eine ganz andere Finsternis. Ein riesiger Fisch verschluckt ihn. Natürlich hatten die Menschen damals auch schon Eindrücke von großen Meeressäugern, sie hielten sie für Ungeheuer. Opfer eines solchen Ungeheuers werden: ein Grauen – nicht nur damals!

Im Bauch des Wals, in diesem lebendigen U-Boot betet Jona. Er betet Psalm 130, der unzählige Male vertont wurde, De profundis. „Aus der Tiefe rufe ich, HErr, zu Dir, HErr, höre meine Stimme, wende dein Ohr zu mir, achte auf mein lautes Flehen!"

Das alles ist wieder eine große Parabel auf das Leben: Der Fisch, in dessen dunklem Bauch du dich gefangen siehst, das Leben, das nur schwarz um dich ist, wird dich einst wieder an den Strand ausspucken, auf festen Grund. Vertraue nur und bete!

Jona nimmt, nachdem er wieder festen Boden unter den Füßen hat, seine Mission, seine Aufgabe an. Und ich: Bin ich bereit oder muss ich auch (noch) einmal durch die große Tiefe?

Durchzug durchs Mittelmeer

Wenn ich in diesen Tagen an die Schönheit des Mittelmeers denke, dann schleichen sich auch traurige Gedanken ein, Gedanken an die vielen Menschen, die dem Meer in den letzten Jahren schon zum Opfer gefallen sind und in dem sie auch gegenwärtig ertrinken. Weil sie eine Zukunft für sich suchten und suchen, haben sie viel riskiert und sind in den Fluten umgekommen. Das Meer ist eine gefährliche Grenze.

Wie hilflos muss man sein und wie wenig muss ein Menschenleben wert sein, wenn Menschen bereit sind, sich dem gefährlichen Meer in einer Nussschale auszusetzen und es unter abenteuerlichsten Bedingungen zu überqueren?

Wer fast angekommen ist, schafft Fakten, erzeugt Handlungsdruck. Das wissen auch die Schlepper. Der Handel mit der Flucht funktioniert, weil den Menschen ein Paradies jenseits des Meeres gezeichnet wird, das später den Erwartungen in keiner Weise entspricht. Aber kann man es Menschen verübeln, dass sie ein Land der Knechtschaft und Gewalt verlassen, um einfach nur Frieden zu finden?

Mich erinnert das an den Auszug der Israeliten aus Ägypten. Auch da war ein Meer im Weg, das Schilfmeer. Mose teilte es. Eine Riesenfreude machte sich breit nach der Rettung. Aber dann begannen die Probleme: 40 Jahre umherirren in der Wüste. Vielleicht sind das die Zeitmaße, in denen wir denken müssen, wenn wir über Integration und Wandel zu einer neuen europäischen Gesellschaft sprechen – jetzt aber müssen wir alle losgehen.

Ebbe am Sonntag

Es gibt einen Atem des Meeres. Das sind die Gezeiten.
Wer an die Küsten der großen Meere kommt, spürt die
unglaubliche Kraft von Ebbe und Flut. Wo eben noch
Wasser war, ist jetzt Land. Das Meer kommt und geht,
es kommt und geht im Rhythmus von sechs Stunden.

Wie die Gezeiten entstanden sind? Im Norden erzählt
man sich folgenden Witz: Als das Meer das erste Mal
einen Friesen gesehen hat, hat es sich so erschrocken,
dass es kilometerweit zurückgewichen ist. Und nun
kommt es alle sechs Stunden und schaut, ob die Friesen
noch da sind.

Nein, natürlich sind Ebbe und Flut Ergebnis der Mond-
anziehung. Sie vergegenwärtigen damit, dass selbst im
Meer wie im Kosmos alles immer in Bewegung ist.
Alles fließt, mal intensiver mal weniger, einmal hin
und dann wieder zurück, verlässlich, rhythmisch wie
der Atem.

Ebbe und Flut können uns ein Beispiel sein auch für
unseren Lebensgeist und unsere Lebenskraft. Wir sind
nicht immer gleichbleibend voll da. Einmal können wir
viel geben, einmal rauschen wir heran, das andere Mal
müssen wir uns wieder zurückziehen, um wieder neu

Anlauf zu nehmen für die nächste kraftvolle Welle, die wir anschieben. Der Tag der Ebbe in unserem christlichen Kosmos ist eigentlich der Sonntag, der freie Tag, der eine Feiertag in der Woche. Wenn wir das doch noch besser hinbekämen in diesem deregulierten und a-rhythmischen Leben, das viele von uns leben! Es würde uns bestimmt besser gehen an Leib, Seele und Geist.

ATMEN

Atemspende

Ein Tag, eine Woche liegt vor mir, bestimmt gefüllt mit vielen Dingen, die getan werden müssen. Ein Rennen, eine Eile kommt dabei manchmal auf, die niemandem gut tut. Wie können wir das unterbrechen? Bringt der Atem die Ruhe zurück?

Immer wieder über den Atem nachdenken: Wird das nicht langweilig? Ja, vielleicht. Vielleicht geht es ja genau darum, dass lange Weile entsteht, lange Weile in einer Welt, in der es oft kurzweiliger zugeht, als wir es uns wünschen. Denn bekanntlich ist die Zeit nicht nur etwas Chronologisches. Als gefühlte Zeit dehnt sie sich aus, und ein anderes Mal zieht sie sich zusammen und fliegt. Jetzt also: gedehnte Zeit, im ruhigen Atmen.

Unser Atem führt uns direkt zurück auf unseren Ursprung. Seit unserem Lebensanfang atmen wir, ganz von allein, in einem steten Rhythmus. Wie aber kam dieser erste Atemzug des Menschen zustande? Die Bibel erzählt davon, wie immer, mythisch. Gott muss den ersten Atemzug angestoßen haben, so die Erzählung vom Werden des Menschen im ersten Buch Mose. Ja, mehr noch: Der erste Atemzug muss von Gott selbst stammen, denn im Atmen ist kostbares, heiliges und geschenktes Leben. Die Bibel erzählt, Gott hätte ein Stück Erde, hebräisch, Adamah, genommen und den ersten „Erdling", das heißt eigentlich „Adam", daraus geformt wie ein Töpfer. Damit Adam dann zum Leben kam, blies Gott ihm den Lebensodem in seine Nase.

Mensch und Tier leben atmend, zuerst und zuletzt durch Gott, den Beatmer allen Lebens. Das ist das Glück, das wir alle teilen. Wir atmen, wenn wir leben, wir leben, weil wir atmen. Deswegen gibt Psalm 150 die Parole heraus: „Alles, was Atem hat, lobe den Herrn!"

Dank für Atem

Im Atemholen sind zweierlei Gnaden:
Die Luft einzieh'n, sich ihrer entladen;
Jenes bedrängt, dieses erfrischt;
So wunderbar ist das Leben gemischt.
Du, danke Gott, wenn er dich presst,
und dank ihm, wenn er dich wieder entlässt.

So dichtet Johann Wolfgang von Goethe in seinem bekannten Gedicht über den Atem. Eine Gnade, ein Geschenk ist es, dass wir atmen jeden Tag. Die Luft einziehen, sich ihrer entladen. Eins der wenigen Dinge,
um die wir uns nicht kümmern müssen, die ganz von
alleine passieren, wenn wir gesund sind. Göttliche Geschenke sind Zeichen seiner Gnade, wir bekommen sie
umsonst.

Die reine Gelassenheit allerdings ist bei Goethe im
Atem nicht beschrieben. Er begreift den Atem vielmehr
als ein Bild für Gottes Handeln an uns. Und dieses Bild
ist nicht ohne Spannung. Das eine Mal presst uns Gott
den Atem, das andere Mal entlässt er uns, wie es im
Gedicht heißt. So wunderbar ist das Leben gemischt,
sagt Goethe.

In der Tat, manchmal geraten wir so in Bedrängung, dass uns die Luft knapp wird. Ein anderes Mal können wir wieder sprichwörtlich tief durchatmen und fühlen uns erfrischt. Für beides, empfiehlt Goethe, ist es gut zu danken, für das Einatmen und das Ausatmen: Du, danke Gott, wenn er dich presst, und danke ihm, wenn er dich wieder entlässt.

Im Wissen um den Rhythmus von Ein- und Ausatmen Dank für beides bereitzuhalten, das ist immer dann nicht leicht, wenn wir im Atem des Lebens eher gepresst sind. Goethe macht mir Mut. Die Erfrischung kommt, lass nur den Atem fließen. Hol nur Atem. Er wartet schon auf dich. Was hieße es, auch unsere Lebensbewegungen noch deutlicher als Bewegungen des Einatmens und des Ausatmens zu gestalten?

Atempause

Vom erfrischenden und vom drängenden Charakter des Atems hat Goethe in seinem famosen Gedicht „Im Atemholen sind zweierlei Gnaden, die Luft einziehen, sich ihrer entladen" gedichtet (siehe vorherige Seite). Dabei hat er eigentlich noch etwas Drittes, eine dritte Gnade sozusagen, vergessen: die sogenannte Atempause. Ist schon einmal aufgefallen, dass es zwischen Ausatmen und Einatmen einen Moment des Stillstands gibt? Wir gehen, wenn wir ausatmen, durch eine Art Nullpunkt, in dem gar nichts passiert. Lassen wir diesen Nullpunkt aus und schließen gleich das Einatmen an, wird uns bald schwummrig, bekommen wir zu viel des guten Sauerstoffs.

Der Körper weiß also genau, wann er wieder wie viel neuen Atem braucht, und macht vor dem Einatmen erst einmal eine Pause. Schwierig wird es, wenn wir beginnen, den Atemfluss zu beeinflussen. Das geschieht gar nicht so selten. Immer wieder müssen Menschen behandelt werden, weil sie ungleichmäßig atmen, beim Sprechen das Atmen verändern und Ähnliches.

Die Professorin und Atemtherapeutin Ilse Middendorf hat vor rund 50 Jahren eine Atemschule begründet, in der sie den Menschen vermittelt, ihren Atem nicht zu zwingen und zu beeinflussen, sondern ihn einfach gehen zu lassen. Im Prinzip ist das auch Kern jeder meditativen Praxis: zuerst und zuletzt den Atem nicht zu manipulieren, sondern sein Fließen zu ermöglichen durch Nichtstun. Das fällt uns westlichen Menschen schwer, die wir gewohnt sind, das meiste absichtsvoll und zielgerichtet bestimmen zu wollen. So lautet der Leitsatz von Ilse Middendorf schlicht: „Ich lasse meinen Atem kommen, lasse ihn gehen und warte, bis er von selbst wiederkommt."

Warten, bis das Leben wieder einströmt. Das geht wohl nicht, ohne die Angst vor der Leere, letzthin auch vor dem Tod zu ertragen. Jeder junge Vater, jede junge Mutter beugt sich ängstlich über die Wiege des scheinbar regungslosen Kindes: Atmet es noch? Wir brauchen keine Angst zu haben. Der Odem Gottes kommt und wird uns durchs Leben führen.

Atem holen

Ich bin überzeugt, dass in der Ruhe die Kraft für Zukünftiges liegt, auch für das Tagewerk. Deswegen ist es auch gut, mit Ruhe den Tag zu beginnen, zum Beispiel ans Fenster zu treten und die gute Morgenluft einfach einzuatmen, ein paar Atemzüge lang.

Das Wort „Atem holen" beschreibt ja sehr schön, dass wir mit jedem Atemzug etwas hineinholen in uns, was uns Leben spendet. Damit wir Atem holen können, müssen wir allerdings erst einmal tief ausatmen. Raum schaffen für das Atemholen. Und da beginnt oft das Problem. Denn das „Raum schaffen" gelingt bekanntlich nicht, wenn wir unter Dampf stehen. Der begrenzte äußere Raum setzt uns unter Druck und der innere Raum wird enger. Dann bleibt einem die Luft weg, die Kehle schnürt sich zu. Wir haben viele Redensarten für dieses Gefühl. Wenn es uns so presst, passiert oft das Gegenteil dessen, was gut tut. Wir meinen, noch mehr einatmen zu müssen. Da ist aber kein Platz mehr für mehr Luft, wir werden kurzatmig.

Das Geheimnis guten Atemholens also ist das Ausatmen. „Jetzt erstmal ausatmen!" Diese sprichwörtliche Empfehlung ist richtungweisend, da wo es Stress gibt. Denn erst wenn wir gründlich ausatmen, kann auch das Atemholen wieder gelingen. Dazu allerdings, dass wissen alle, die Sport treiben, muss man anhalten, stillhalten, innehalten. Wenn unser Leib weiter Luft von uns fordert, wird es uns schwerfallen, auszuatmen. Kommen wir aber zur Ruhe am ganzen Körper, gelingt Ausatmen und der Lebensatem strömt von neuem ein. Also: immer wieder ausatmen heute, dann wird die Kraft beim nächsten Atemzug umso größer.

Stilles sanftes Sausen

Noch einmal: Atem. Ich will mich er-innern. Ja, genau, es geht ja darum, wieder und wieder Atem zu holen. Was ist da in uns, wenn wir uns er-inneren und nach innen horchen? Es ist da leise Luft in uns, die ein- und ausströmt. Dass wir unseren Atem fast gar nicht hören, ist schon bemerkenswert, ist doch bis zu dreieinhalb Litern Luft in unsere Lungen und strömt ein und aus.

Die biblische Geschichte von der Gottesoffenbarung Elias am Berg Horeb fällt mir zu diesen leisen Atemgeräuschen ein. In eine Höhle am Berg hatte sich der Prophet Elia enttäuscht und ratlos zurückgezogen, da kündigte Gott ihm an, sich in einer Epiphanie, in einer Erscheinung, zu zeigen. In 1 Könige 19 heißt es: „Gott sprach: Geh heraus und tritt hin auf den Berg vor den HErrn! Und siehe, Gott wird vorübergehen. Und ein großer, starker Wind, der die Berge zerriss und die Felsen zerbrach, kam vor Gott her; Gott aber war nicht im Winde. Nach dem Wind aber kam ein Erdbeben; aber Gott war nicht im Erdbeben. Und nach dem Erdbeben kam ein Feuer; aber Gott war nicht im Feuer. Und nach dem Feuer kam ein stilles, sanftes Sausen. Als das Elia hörte, verhüllte er sein Antlitz mit seinem Mantel und ging hinaus und trat in den Eingang der Höhle. Und siehe, da kam eine Stimme zu ihm und sprach: Was hast du hier zu tun, Elia?"

Gott im stillen sanften Sausen. Im Sausen, wenn sich der in den Gräsern am Berg fächernde Wind mit den rhythmisch, leisen Geräuschen des Atmens vermischt, wenn man in der Höhe wandert. Das ist, glauben wir Elia, Atem des Lebens, das ist Geist, göttlicher Schöpfergeist, der alles bewegt. Vielleicht finden auch wir eine Antwort auf diese Frage im leisen Atem: Was hast du hier zu tun, Mensch?

Göttliche Geburtsvorbereitung

Atmet auch Gott?, so fragt sich. Vielleicht sogar: Ist Gott wie Atem? Eine mögliche Antwort aus dem Ersten Testament: Wenn Gott dem Menschen Adam Lebensatem eingehaucht hat, dann muss er ihn selbst zur Verfügung haben, atmend. Sprechen wir von Gott als Atemspender, gar als Atem der Welt, so wird sein Wesen energiereicher. Gott ist dann eher Bewegung als Figur, er ist eher Kraft als Fels. Und warum nicht Gott auch als Energie, Bewegung, Atem denken und glauben?

Selbstverständlich müssen wir Gott auch als Energie denken, waren die Theologen der ersten Christenheit überzeugt und haben den Geist mit in die Dreifaltigkeit Gottes eingebunden. Gott ist immer auch Geist. Der Geist ist, könnte man sagen, seine Erscheinungsweise unter uns. Und dieser Geist atmet.

Er atmet mit uns, betont Paulus an einer besonders berührenden Stelle. Ja, der Geist vertritt uns sogar, so schreibt er in Röm 8,26f., in unaussprechlichem Seufzen. Er seufzt an unserer Stelle, unaussprechlich, ohne Worte, weil wir für das Seufzen manchmal keine Worte haben können.

Der Atem der Geschöpfe ist, wie wir wissen, nicht immer nur ideal. Er ist oftmals auch schwer, mühevoll, schmerz- oder krankheitsbeladen. Wie viele Menschen bekommen keine Luft zum Leben? Und wie oft wird das Leben ausgehaucht? Gott atmet mit. Gott seufzt mit.

Paulus benutzt ein drastisches Bild für Atmung unter höchster Spannung: Es sagt, die Welt läge in den Wehen und sehne sich nach Erlösung. Es ist ein gutes Bild insofern, als die Wehen ein spannungsvolles, auch schmerzverbundenes Atmen beschreiben, allerdings nicht aufgrund von Verletzung, sondern auf neu entstehendes Leben hin. Da, zum neuen Leben, wird es hingehen, das ist Gottes höchstes Ziel mit uns, sagt Paulus auf diese Weise. Gottes Geist selbst aber, so seine Botschaft, atme mit uns Menschen schon jetzt. Er vertritt uns mit unaussprechlichem Seufzen.

Ein schöner Glaubensgedanke: Mit mir atmet einer mit, der Atem des Lebens, er seufzt mit mir! Das kann wirklich guttun.

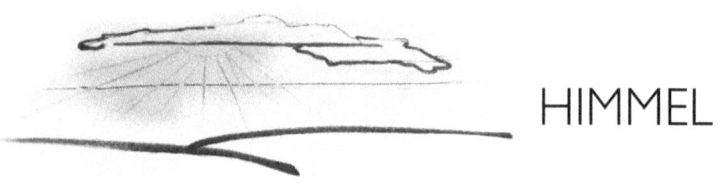

HIMMEL

Unergründlicher Himmel

Oft ist der Weg an die Balkontür mein erster Gang in der Frühe. Wie sieht der Himmel heute aus? Den Himmel möchte ich betrachten. Besser: die Träume vom Himmel. Da nützt der meteorologische Himmel wenig, im Englischen „sky". Der transzendente Himmel ist gefragt, „heaven", von dem wir nur träumen können. Das Englische hat diese zwei Worte, sky und heaven, für den Himmel.

„Heaven" gilt seit jeher und nicht nur in den biblischen Überlieferungen als der Lebensraum der Gottheit. Warum? Weil er eben zu den für uns unzugänglichen Bereichen der Welt gehört, in die wir nicht ohne weiteres hineinschauen können. Seine Dimensionen sind unergründlich, gigantisch, mächtig und Respekt einflößend. Dieser Himmel, den wir wahrlich nicht mehr beeinflussen können, beeinflusst unsere Existenz hingegen wesentlich. Wenn es einen Gott gibt, dann muss er da irgendwo sein, so haben sich die Menschen immer gedacht, dann muss er diese ganze Welt umfassen, die bekannte, und vor allem die unergründliche.

Nun leben wir in einer Zeit, in der der Himmel in gewisser Weise entzaubert ist. Der Aufbau unserer Atmosphäre ist klar. Niemand behauptet mehr ernsthaft, dass Engel auf Wolken säßen und Harfe spielten. Ja, sogar in entlegenste Galaxien können Wissenschaftler mit speziellen Fernrohren schauen. Und dennoch: Es gibt immer noch ein „Dahinter"; ich sag es ruhig mit dem bewährten, alten Wort: ein Jenseits, das uns nicht zugänglich ist.

Die Kirchenherrscher hatten in der Geschichte große Angst, dass uns dieser Glaube ans Jenseits genommen werden könnte durch das Weltbild, das die Sonne zum Zentrum der Galaxie erhob. Deswegen verurteilten sie Kopernikus und Galilei. Die Kirchenführer konnten die sogenannte Kopernikanische Wende nicht aufhalten. Diese Wende, die ja gezeigt hat, dass die Erde nur ein winziges Rädchen im riesigen Räderwerk der Galaxien ist, braucht uns aber den staunenden Glauben nicht nehmen. Im Gegenteil: Es gilt mehr denn je, was der Sänger in Psalm 8 im Ersten Testament schon so treffend gedichtet hat: „Wenn ich den Himmel sehe, deiner Hände Werk, Mond und Stern, die du gemacht hast, was ist der Mensch, dass du seiner gedenkst, und was des Menschenkind, dass du dich seiner annimmst?"

Skaten im Himmel

Die Welt hinter den Welten, der geträumte Himmel interessiert mich. Ich bin als Pfarrer ja so eine Art „Traumfänger" der Menschen. Meine Aufgabe ist es, die Tag- und Nachtträume der Menschen mit dem spirituellen Ohr zu hören und von den großen Träumen der Menschheit zu erzählen, die in der christlichen Tradition überliefert sind. Ich bin ein Arbeiter im „Haus, das die Träume verwaltet", wie der Theologe Fulbert Steffensky die Kirche einmal treffend genannt hat.

Die Menschen suchen sich die vielfältigsten Wege, ihren Träumen vom Himmel Ausdruck zu verleihen. Lieder gehören auch heute wesentlich dazu.

Einer der kuriosesten Träume vom Himmel ist im Lied: „Heaven is a halfpipe" zum Ausdruck gebracht. Der Himmel ist eine Halfpipe, das sind diese halben Röhren, in denen Skater oder BMX-Fahradfahrer oder Snowboarder ihre verrücktesten Kunststücke machen. Die Halfpipe ist ein Platz, man könnte auch sagen, ein Spiel-Raum, in dem junge Menschen die Zeit vergessen und die Schwerkraft für Bruchteile von Sekunden überwinden in gewagten Sprüngen und Flügen. Die Halfpipe ist auch ein gefährlicher Ort, an dem man sich verletzen kann. Sie ist zum Himmel hin offen. „Wenn ich sterbe, bevor mir ein toller Trick gelingt, dann kann ich ja zuletzt im Himmel skaten", heißt es im Text dieses Liedes, „ich kann dort skaten, ohne diesen Mann auf meinem Rücken".

Ziemlich wahrscheinlich ist mit diesem Mann der Tod gemeint. Er ist ja, gerade da, wo wir uns in besondere Gefahren begeben, immer auch ein möglicher Begleiter. Im geträumten Himmel gibt es keinen Tod, im Himmel gibt es nur ungebrochene Freude im Spiel. Im Himmel gibt es vor allem das, was uns schon hier am meisten Glück bereitet. Das sind die Pointen dieser Himmelsvorstellung. Sie lassen sich auf viele andere positive Vorstellungen vom Himmel übertragen. Freude, Ewigkeit, Erlösung. Wenn auch mit einem Augenzwinkern, so religiös und fromm kann Skaten sein!

Das Ende der Tränen

„Would you know my name, if I saw you in heaven? –
Würdest du meinen Namen wissen, wenn ich dich im
Himmel wiedersehen würde?" Mit Hingabe singen
meine jugendlichen Konfirmanden dieses Lied von Eric
Clapton. Wenn sie dann vom Hintergrund dieses Liedes erfahren, werden sie ganz nachdenklich. Denn Eric
Clapton wendet sich in diesem Lied an seinen Sohn, der
als Vierjähriger aus dem 53. Stock eines Hochhauses
fiel und starb.

Es gibt weniges, das so hart ist, wie die eigenen Kinder
zu verlieren. Es ist brutalste Ohnmachts- und Verlust-
erfahrung, sie lassen zu müssen und noch lange weiter-
zuleben. „I must be strong to carry on", singt Clapton,
ich muss stark sein, um weitermachen zu können, „weil
ich weiß, dass ich noch nicht in den Himmel gehöre."
Und dann: „Würdest du mich wiedererkennen?"

Es gibt eine Angst, sich vom eigenen Kind, das nicht
mehr da ist, zu entfremden all die Jahrzehnte. Mit aller
Kraft arbeiten verwaiste Eltern oft dagegen an, dass die
Erinnerung verblasst. So auch Clapton. „Wäre es dasselbe, wenn ich dich im Himmel sehen würde? Würdest
du meine Hand halten?"

Dahinter gibt es bestimmt auch ein unausgesprochenes Schuldgefühl: Ich hab nicht genug aufgepasst auf meinen Kleinen. Die Hand, die das Kind hält, wird zur Geste des Verzeihens.

Clapton singt bei aller Verzweiflung aber auch von der Sehnsucht, der Hoffnung, seinen Jungen doch im Jenseits wieder zu treffen. Der Himmel als ein Ort ewigen Lebens, als Ort der Wiederbegegnung mit verstorbenen Geliebten beschreibt einen Ausweg in auswegsloser Situation. Bei allem Leid, bei all den Tränen endet das Lied: „Beyond the door there is peace, I'm sure." Jenseits der Tür gibt es sicher Frieden und es werden keine Tränen mehr sein im Himmel.

Das ist Glauben, so alt wie die Menschheit. In der Apokalypse des Johannes heißt das ganz ähnlich so: „Gott wird abwischen alle Tränen von ihren Augen, und der Tod wird nicht mehr sein, noch Leid noch Geschrei, noch Schmerz wird mehr sein, denn das erste ist vergangen. Siehe, ich mache alles neu!" (Offb 21,4).

Himmlisches Rendezvous

Ganz genau wollte es der alte Herr wissen, ob wir garantieren könnten, dass er im Doppelgrab neben seiner vor wenigen Tagen verstorbenen Frau zu liegen käme. Ganz sicher wollte er sein, dass das jetzt sein, ihr beider Platz sei. Über 50 Jahre war er in Liebe und Ehe mit seiner Frau verwachsen. Die letzten neun Jahre hatte er, selbst hochbetagt, sie gepflegt und auf Schritt und Tritt begleitet, mit Argusaugen hatte er über sie gewacht. Selber zu sterben, begraben zu werden nach über 80 Jahren Leben hier schien für ihn nur ein überschaubarer und wenig Angst einflößender Zwischenschritt. Im Jenseits würde es ja weitergehen. In seinem Himmel wartete sie schon auf ihn, jetzt ohne Schmerz, ohne Leid und Kampf.

Wir nehmen mit in die Träume vom Himmel, was für uns hier schon das größte war und was den Geschmack der Ewigkeit schon in sich trug, auch Beziehungen, in denen wir große Liebe erfahren haben. So etwas kann doch kein Ende haben! Die Liebe ist stärker als der Tod, heißt es so treffend.

Dass sie denn einander im Himmel wiedertreffen würden, konnte ich ihm dennoch nicht in die Hand versprechen. Er hätte es sicher gern gehabt. Ich sei noch nicht da gewesen, antwortete ich ihm, und könnte es insofern nicht bezeugen.

Der Gedanke, dass Schluss sei, schien ihm abwegig. Ich hingegen hatte jene Seniorin im Hinterkopf, die schon mit 50 ihren ersten Mann verloren hatte und froh war, noch einmal einen Lebenspartner gefunden zu haben. Für sie war das „bis dass der Tod euch scheidet" im Trauversprechen sehr hilfreich gewesen. Im Himmel alle wiedertreffen, diese Vorstellung bereite ihr nicht unbedingt Behagen, würde sie sich noch mal entscheiden müssen? Wie sollte sie der Lage Herr werden? Nein, das wollte sie nicht glauben.

Die Tochter des alten Herren, sprachfähig in Glaubensdingen, half mir aus der Klemme: „Es heißt doch in der Johannes-Apokalypse: ‚Siehe, ich mache alles neu!' (Offb 21,5). Das wird sicher ganz anders sein als das, was wir hier leben, Papa, aber schön wird es sein." Als ich beide zur Tür begleitete, dachte ich voller Respekt für diesen starken gemeinsamen Lebensweg: Dieser Mann ist wie ein seelisch Amputierter, jetzt nur noch halb auf dieser Welt. Dass er seine Frau im Jenseits wiedersehen würde, das wünschte ich ihm eigentlich sehr!

Das Geschenk des Himmels

„Lieber Gott, mach mich fromm, dass ich in den Himmel komm." Das ist wohl eines der kürzesten Gebete aller Zeiten. Es erzählt, zugegeben etwas humorig, vom Himmel als Lebensziel unseres Glaubenshandelns. Glauben wir wirklich daran, dass wir mit unserem Handeln beeinflussen können, wo und wie wir ein Leben im Jenseits bei Gott führen werden? Ob wir in den Himmel kommen oder gar in die Hölle?

Bei jedem „Vergelt's Gott", das ich im Süden höre, drängt sich mir diese Frage auf: Bittet der wirklich darum, dass Gott mir das vergelten und mich entsprechend mit einer besseren Position ausstatten wird drüben im Himmelreich? Es müsste dann ja Ranglisten der Vergeltung Gottes geben, beim einen voller beim anderen leerer. Und obendrein würde uns Gott, je schlechter wir wären, strafen. Dafür wäre dann die Hölle da.

Meinem christlichen Glauben ist das gänzlich fremd. Ja, Gott tut viel Gutes für uns. Aber das ist nicht Folge unseres Tuns, das hat Gott gar nicht nötig. Sein gütiges Einwirken ist freies Geschenk seiner Liebe. Mit einem Begriff aus der Rechtsprache ausgedrückt: Seine Liebe ist Gnade. Himmlisches Leben wird uns geschenkt werden, obwohl unser Handeln im Leben voller Grenzen und Fehler ist, obwohl wir uns schuldig machen. Niemand ist von diesen Grenzen und Fehlern frei, niemand lebt ohne Scheitern und Schuld. Wir alle brauchen es also, wenn wir solche Dinge denken wollen, dass der Himmel gnädig mit uns ist; ja, der Himmel sei mir gnädig!

Auf diesem Glaubensweg hat sich doch die Hölle eigentlich erledigt, sie kann nicht mehr zum Angst machen dienen. Es kann doch nur so etwas wie eine Allversöhnung, Versöhnung für alle geben, das ist das Liebeswerk Christi. Hatte er nicht sogar gesagt: „Vater, vergib ihnen, denn sie wissen nicht was sie tun?"

Die Idee der Allversöhnung ist übrigens keine verrückte Idee der Moderne. Schon die alten Kirchenväter Origines und Klemens von Alexandria haben sie vertreten.

An unserer Güte kann es nicht liegen, dass er uns aufnimmt jenseits des Todes. Das ist doch befreiend, oder?

Himmel auf Erden

„Das könnte den Herren der Welt ja so passen, dass erst nach dem Tode Gerechtigkeit wäre", so dichtete der Schweizer Theologe Kurt Marti auf die Melodie des alten Osterchorals „Christ ist erstanden". Marti wendet sich gegen das, was man im Allgemeinen als Jenseitsvertröstung bezeichnet. „Ja, warte nur, dann, im Himmel, wird alles besser. Halte hier nur dein Leiden unter Ungerechtigkeit aus, drüben wird dir dein Leid zigfach entlohnt. Wenn du dich hier klein machst, dann wird deine eigentliche Auferstehung ins Jenseits nur umso größer." So wurden und werden Menschen mit Glaubenssätzen aufs Jenseits hin vertröstet. Das ist die religiöse Logik, die Karl Marx „Opium fürs Volk" nannte, Betäubungsmittel, um diese Welt auszuhalten. „Das könnte den Herren der Welt ja so passen, dass erst nach dem Tode Gerechtigkeit werde." Überall da, wo Herrscher dieses Denken der Religion anzapfen, muss man skeptisch sein. Wird hier Religion benutzt, um die Freiheit zur Entfaltung des Menschen zu beschneiden, um den Hunger nach Gerechtigkeit zu unterbinden?

Auch John Lennon hat ein solches kritisches Bild der Religion. Es geht so weit, dass er „Imagine, there's no heaven" singt. Stell dir vor, es gäbe keinen jenseitigen Himmel, über uns nur „sky", der bewölkte oder sonnige Himmel. Lennon entwickelt in seinem bekannten Lied eine Vision, die schließlich wie der Himmel auf Erden ist, das Paradies, ganz hier in der irdischen Welt. Kein Hunger, kein Töten und Sterben, Geschwisterlichkeit der Menschen statt Konkurrenz und Kampf im Namen der Wahrheit. Wahrlich eine utopische Vision, allerdings ganz diesseitig. „You may say I'm a dreamer", singt er im Refrain. Du wirst sagen, ich bin ein Träumer. Ja, ein Träumer bist du, John Lenon, aber du bist wirklich nicht der Einzige. You are not the only one!

„Das Himmelreich gleicht einem Sauerteig" (Mt 13,33), hat schon Jesus von Nazareth gesagt, er durchdringt diese Welt wie die Hefe das Mehl. Und: „Das Reich Gottes ist mitten unter euch." Schön wär's! Schön ist es. Auferstehung hier!

LIEBEN

Tu, was du willst

„Liebe und tu, was du willst", so der große Kirchen-
vater Augustinus. Ach, wenn es denn so einfach
wäre! „Es hört sich so leicht an, einfach jemanden lieben, doch wehe, wenn man's anfängt", dichtet der nie-
derländische Liedermacher Herman van Veen.

Wir leben in einer Zeit, in der Liebe, zumal die Liebe
zwischen zweien, immer wieder schwierig wird und
auch verlorengeht. Das „tu, was du willst" vernachlässigt
die Liebe. Das scheint zum Leben dazuzugehören. Vermutlich aber wird heute das Ideal der Liebe als Paar viel
höher gehängt als in anderen Zeiten, und der Fall aus der
Liebe wird dann um so tiefer. Was kann helfen?

Ich glaube, auch Erfahrungen und Gedanken über das
Wesen der Liebe zu teilen kann helfen. Es müssten al-
lerdings Gespräche sein, die nicht beschämen und die
Liebe nicht zerreden.

Ich will mir wieder biblischen Rat holen: bei Paulus' großer Abhandlung über die Liebe, dem sogenannten Hohelied der Liebe im Neuen Testament, im ersten Korinther-Brief, Kapitel 13. Da ist ganz viel Entscheidendes über die Liebe gesagt. Ich lese:

„Wenn ich mit Menschen und mit Engelszungen redete und hätte der Liebe nicht, so wäre ich nur ein klingendes Erz und eine tönerne Schelle. Und wenn ich prophetisch reden könnte und wüsste alle Geheimnisse und hätte alle Erkenntnis und hätte allen Glauben, sodass ich Berge versetzen könnte, und hätte der Liebe nicht, so wäre ich nichts.

Die Liebe ist langmütig und freundlich, die Liebe eifert nicht, die Liebe treibt nicht Mutwillen, sie bläht sich nicht auf, sie verhält sich nicht ungehörig, sie sucht nicht das ihre, sie lässt sich nicht erbittern, sie rechnet das Böse nicht zu. Sie freut sich nicht über die Ungerechtigkeit, sie freut sich aber an der Wahrheit.

Die Liebe erträgt alles, sie glaubt alles, sie hofft alles, sie duldet alles. Die Liebe hört niemals auf."

Schön, sehr schön, aber auch herausfordernd sind diese Worte. Was steckt alles darin!? Gleich schauen wir genauer hin. Weiterblättern!

Wie die Liebe klingt

Franz, der Filialleiter von Fiat, soll jetzt ein Fortbildungsseminar besuchen. In diesen Zeiten, in denen Autos zu verkaufen schwierig geworden ist, erwartet man von ihm, dass er an seinem Auftreten und seinen Kundengesprächen feilt. Denn die Art, wie man den Käufer um den Finger wickelt, soll angeblich entscheidend sein, die Verkaufszahlen zu verbessern. Franz wundert sich. Bisher war er eigentlich immer ganz gut gefahren, indem er das Vertrauen seiner Stammkunden gewonnen hatte durch faire Geschäfte und freundliche Behandlung und vielleicht einfach deshalb, weil, wer bei ihm kaufte, sich auch auf ihn verlassen konnte. Als er den Verkaufstrainer allerlei Gesprächstricks erzählen hört, wie man noch besser alle Vorzüge eines Wagens an den Mann bringt, fällt ihm plötzlich 1 Korinther 13 ein. Das hatte er doch letzten Samstag auf der Trauung seiner Tochter gehört:

„Und wenn ich mit Menschen und mit Engelszungen redete und hätte der Liebe nicht, so wäre ich nur ein klingendes Erz und eine tönerne Schelle, und wenn ich prophetisch reden könnte und wüsste alle Geheimnisse und alle Erkenntnis und hätte der Liebe nicht, so wäre es mir nichts nütze."

„Ja, wie eine schrille Schelle klingt das, was ich da höre", denkt sich Franz, „wie ein schepperndes Blech.

Der Mann weiß zwar viel, aber was nützt mir alles Wissen, wenn es an der Einstellung fehlt?"

Hat Auto-Verkaufen etwas mit Liebe zu tun? „Ja, sicher", würde Franz sagen, „ich meine jetzt gar nicht meine Liebe zu den Autos, die ist ja närrisch. Ich glaube an die Liebe als dem Grund allen guten Lebens, die sich auch in fairen Geschäften zeigt." Franz steht auf und geht, ruft noch: „Ich mach es lieber mit Liebe! Langfristig wird es besser gehen."

„Und wenn ich mit Menschen und mit Engelszungen redete und hätte der Liebe nicht, so wäre ich nur ein klingendes Erz und eine tönerne Schelle."

An der Liebe liegt es, ob Worte nur hohl und kalt oder warm und freundlich gemeint sind.

Wenn einer mit Engelszungen auf mich einredet, weil er mich zu etwas bewegen will, was mir nicht gleich einleuchtet, versuche ich dann nicht auch zu erspüren, ob er mit Liebe spricht?

Mit Liebe sprechen, das ist nicht nur gefordert, wenn wir uns unseren Liebsten zuwenden, das ist auch hilfreich in jedem Kontakt, in dem ich etwas möchte vom anderen. Sie drückt sich aus als Achtung vor dem anderen, vor dem Leben und vor mir selbst. Deswegen liebevoll sprechen! Das ist möglich, bei beinahe allem, was wir zu besprechen haben. Einfach ist es nicht.

Liebe langmütig und freundlich

Hochzeitsjubiläen, 50, 60 Jahre Ehe feiern, alte Paare segnen – das gehört zum Schönsten, was man in einem Pfarramt tun darf. So ein seelischer Wohlstand, denke ich dann oft! Wer das in Zukunft noch erreichen wird?

Mit der dauernden Liebe in Paarbeziehungen, in Ehen ist das ja so eine Sache. Kein gestandener Hochzeitsjubilar würde wohl sagen, die Liebe sei immer gleich geblieben. Aber hoffentlich: Ja, sie war immer da. Was könnte er wohl damit meinen?

„Die Liebe ist langmütig und freundlich", heißt es im ersten Korintherbrief; Kapitel 13, dem großen Liebesgedicht des Paulus. Nehmen wir's ganz wörtlich: eine Lebensliebe anzupeilen ist ein mutiges Ziel, jede Eheschließung ein Wagnis, und es gibt Phasen im Zusammenleben, die von beiden Langmut erfordern. Gesundheit und Krankheit, Familie und andere Umstände und Veränderungen führen immer wieder dazu, dass man gemeinsam durch schwierige Zeiten gehen muss. Da braucht man langen Mut, man könnte wohl auch sagen: Geduld, aber Langmut ist schöner. Mutig, länger mutig muss man sein, um gemeinsam durchzuhalten.

Das Paar, nennen wir sie einmal, Karin und Stefan, hat versucht, miteinander befreundet zu bleiben, als er die Arbeit verlor. Das klingt merkwürdig. Wieso befreundet, wenn man denn verheiratet ist? Ich spiele auf die freund-liche Liebe bei Paulus an und habe die vielen Paare vor Augen, die eben in solchen Zeiten Freundschaft und Freundlichkeit zueinander unter dem Druck der äußeren Umstände verlieren. Zu Freundlichkeit kann man sich aufraffen, für Freundschaft muss man sich Zeit nehmen.

Die Freundschaft der Liebenden will besonders gepflegt werden, damit die Liebe nicht von Entfremdung aufgefressen wird. Miteinander reden, gemeinsam etwas Belebendes miteinander erleben, einander Gutes zubereiten, um Hingabe werben, Hingabe zeigen, fürsorglich sein, das und noch viel mehr sind alles Wege, um jener Liebe Raum zu geben, die langmütig und freundlich ist. All das füllt den Speicher der Liebe mit langem Mut und Freundlichkeit auf. Die Liebe ist langmütig und freundlich! Möge es so sein.

Liebende Wahrhaftigkeit

Liebesdramen – das sind die Stoffe, aus denen die Vor-
abendserien gemacht sind. Eifersucht, Streitszenen, In-
trigen, Beziehungsdramen stehen wohl auch im Hintergrund von Paulus' mahnenden Worten aus seinem
Liebesgedicht: „Die Liebe eifert nicht, die Liebe treibt
nicht Mutwillen, sie bläht sich nicht auf, sie sucht nicht
das ihre, sie rechnet das Böse nicht zu. Sie freut sich
nicht an der Ungerechtigkeit, sie freut sich aber an der
Wahrheit" (1 Kor 13,4–6).

Stimmt doch gar nicht, möchte man gleich einwenden.
Natürlich eifert die Liebe auch. Halt, würde Paulus
vielleicht antworten, höre genau: Liebende eifern und
blähen sich auf, die Liebe selbst tut es nicht. Es ist eigentlich ganz einfach. Der Apostel sagt schlicht: Immer
wenn wir anfangen, in Beziehungen zu streiten, uns
dem anderen gegenüber aufzublähen, unseren eigenen
Vorteil zu suchen, dann verlassen wir den Liebesstrom,
in dem wir stehen. Dann verlassen wir vorübergehend
oder dauerhaft das, was Liebe ist, in unseren Ehen,
Freundschaften, Familien, manchmal notgedrungen.
Damit ist die Liebe aber nicht verschwunden, sie ist
noch da, weil sie viel größer ist als wir Menschen, weil
sie etwas Göttliches ist. Wir brauchen sie „nur" wieder
zu finden, ihren Faden wieder aufzunehmen. Und zum

Glück kehren wir ja auch in der Regel in die Liebe zurück, in welcher Gestalt auch immer.

Sicher, das klingt viel einfacher, als es ist! Will man denn in die Liebe zurückkehren, wenn man so ungerecht behandelt wurde, wenn der andere den Vorteil suchte und einen leiden ließ? „Die Liebe freut sich nicht an der Ungerechtigkeit, sie freut sich aber an der Wahrheit", sagt Paulus.

Dieser allerletzte Satz – „sie freut sich aber an der Wahrheit" – ist mir der kostbarste geworden. Der beste Ausweg, aus dem Streit wieder ins Feld der Liebe zu kommen, ist, einander nach einer Zeit zu befragen. „Was ist denn da los gewesen?" Das ist eine heikle Frage, manchmal gerät man wieder ins Streiten über das, was geschehen ist. Man muss annehmen lernen, dass es mehrere Wahrheiten zwischen Menschen geben kann. Manchmal aber, wenn jeder sich getraut, zu sagen, was ihn so umgetrieben hat, ohne sich aufzublähen, ohne das Seine zu suchen, wenn er oder sie das vorsichtig in Worte fasst, dann wachsen echte Wahrheit, echter Kontakt und schließlich echtes Mitgefühl. Es kann beiseitegeschafft werden, was eigentlich wenig im Streit zu suchen hatte und ihn doch angefacht hat. Mit dem Mitgefühl aber kehren Menschen zurück in die Liebe. Die Wahrheit ist nicht immer schön, die Liebe freut sich aber an der Wahrheit.

In diesem Sinne wahrhaftige Momente!

Ertragen und hoffen

„Die Liebe erträgt alles, sie glaubt alles, sie hofft alles, sie duldet alles. Die Liebe hört niemals auf" (1 Kor 13,7–8): Große Worte sind das aus der Abhandlung des Paulus über die Liebe. Sogleich regt sich die Frage: Muss ich etwa alles ertragen, alles dulden, wenn ich denn liebe? Werde ich dann in aller Liebe nicht zum Opfer?

Neulich erfuhr ich von einer Begebenheit, die uns vielleicht diese Worte nahebringen könnte: Im arabischen Land Bahrain regiert wie in so vielen Ländern ein Regime, das von einer Minderheit getragen wird. Diese Gruppe herrscht gewaltsam über die große Mehrheit der Bevölkerung. Die Menschen werden mit Gewalt und Folter in Angst und Gehorsam gehalten.

Eines Tages stand eine junge Frau, deren Vater ein Führer der Demokratie- und Freiheitsbewegung ist, mit einer Gruppe einem Trupp von Militärpolizisten gegenüber. Die Militärs zielten auf die Gruppe und drohten damit, sie würden sie alle töten, wenn sie nur einen Schritt weitergingen. Die Frau schilderte später ihre Angst, ihr Leben zu verlieren. Sie war bereit, das zu ertragen in einer unerträglichen Situation. Es gibt Situationen, in denen man, um in der Liebe zu bleiben, bereit ist, alles zu ertragen, auch den eigenen Tod. Die Liebe erträgt alles.

Was tat die Frau? Sie ging langsam in die Knie und mit ihr die ganze Gruppe und pflückte Blumen von der Wiese, auf der sie standen. Gemeinsam hielten sie die Blumen in die Höhe. Nur der Glaube konnte sie jetzt retten, der Glaube an das Gute im Menschen. Die Blumen wurden zu Zeichen des Glaubens.

Die ertragende Liebe ist nicht unterwürfig. Sie wagt, wenn sie hofft. In dieser Geste steckte die Hoffnung, dass man die Polizisten als Menschen erreichen konnte. Der Vater des Mädchens begann laut mit den Polizisten zu sprechen: „Wie könnt ihr abends mit euren Kindern am Abendbrottisch essen, wenn ihr uns, die wir eure Brüder sind, die Kinder nehmt, wenn ihr unsere Kinder, die die Brüder eurer Kinder sind; tötet?" Da begann der Sprecher der Militärpolizisten zu antworteten: „Wir haben aber den Befehl." In dem Moment allerdings; als er das sagte, war die Liebe in seinem Herzen schon ein Stück erreicht worden und er war abgerückt vom Tun des Schlimmsten. Wenigstens die Liebe zu seinen eigenen Kindern war belebt.

Die Liebe hört niemals auf. Machen wir uns das klar in diesen Zeiten, in denen wir so viel von Zwietracht, Krise und Not reden. In und mit allem gilt ewig: Die Liebe hört niemals auf. Deswegen ist die Liebe Gott und Gott die Liebe. Heute einen Tag mit Zeichen der Liebe!

Kreuz, Herz und Anker

Kreuz und Anker, verbunden und im Herz eingeschlossen, das ist bestimmt eines jener Bilder, die Seemänner in der sogenannten christlichen Seefahrt am häufigsten auf dem Arm tragen. Die drei Motive Kreuz, Herz und Anker fand ich kürzlich aber auch im Glasfenster einer Südtiroler Kapelle.

Kreuz, Herz und Anker haben nichts damit zu tun, dass Jesus etwa ein Seemann hätte sein können, wie Leonard Cohen in seinem berühmten Lied „And Jesus was a sailor" singt. Kreuz, Herz und Anker setzen das große Finale im Hohelied des Paulus über die Liebe in 1 Kor 13,13 ins Bild: „Nun aber bleiben Glaube, Hoffnung, Liebe, diese drei, aber die Liebe ist die größte unter ihnen."

Das Kreuz steht für die Mitte des christlichen Glaubens, Jesus Christus. Der Anker, das ist die Hoffnung, ein geniales Zeichen eigentlich. Denn mit der Hoffnung ist es wie mit einem Anker. Die Hoffnung ist etwas, das man auswirft, um sich auf dem haltlosen Meer des Lebens irgendwo festzumachen. Die Hoffnung haftet wie der Anker auf dem Grund des Daseins, in Gott. Den Grund können wir, wie Gott, oft nicht sehen. „Hoffnung, die man sieht, ist keine wirkliche Hoffnung", sagt Paulus an einer anderen Stelle. Der Anker tritt ins Wasser ein, er sinkt, und ich hoffe und ziehe an der Lebensleine, prüfe, ob die Hoffnung mich hält.

Wir wissen nicht, ob und wie lange der Anker hält, auch unsere Hoffnung ist keine Garantie für fixen Halt im Leben. Aber es lohnt sich, etwas Gutes zu hoffen, die Hoffnung immer wieder auszuwerfen im Vertrauen darauf, dass der Grund des Lebens, dass Gott unserem Lebensschiff schließlich doch immer Halt gibt. Wenn auch alles fällt oder sogar untergeht, Glaube und Hoffnung bleiben. ER ist der Grund, auf dem wir ankern.

Warum ist die Liebe die größte? Wenn wir das Herz als das Zeichen der Liebe von allem Kitsch und aller Sentimentalität befreien, dann sehen wir das Herz als das Organ, in dem unser Leben, unsere ganze Lebendigkeit sitzt. Dieses menschliche Leben kommt nicht ohne Liebe aus. Es braucht Liebe, um zu schlagen. Wenn Menschen ganz ohne Liebe sind, verkümmern sie.

Wir haben die Fähigkeit zur Liebe als dem größten göttlichen Geschenk in uns. In der Liebe des Herzens wird Gottes Gegenwart zwischen Menschen am greifbarsten, viel spürbarer als in Glaube und Hoffnung. Man könnte auch sagen: Die Liebe ist das Himmelsgeschenk, das Glaube und Hoffnung an das Leben bindet. Glaube und Hoffnung wären ohne die Liebe nichts. Also der Liebe auf der Spur bleiben, in der Liebe bleiben, es wenigstens versuchen. In Gottes Liebe sind wir schon. Der Ankergrund ist da.

WERTEN

Freizügigkeit

Europa wird von Rechtfertigungskrisen geschüttelt. Dabei sollten wir Europa hochhalten. Gerade weil verführerisches nationales Denken wieder an Boden gewonnen hat, gilt es, gewissenhaft auf Europa zu schauen, und zwar auf das Europa der Werte, das uns verbindet.

Die meisten Europäer teilen vor allen Wirtschaftsfragen eine kostbare Wertegemeinschaft, die es zu schützen und zu würdigen gilt. Eine Wertegemeinschaft, die im Christentum und der griechischen-römischen Antike seine Wurzeln und in der Aufklärung seine besondere Ausprägung erhalten hat. Und da gibt es viel ganz Kostbares!

Es ist ja oft so mit dem gut Vertrauten, dass man es irgendwann nicht mehr sieht. Man erachtet es für so

206

selbstverständlich und natürlich, dass man seine Zerbrechlichkeit nicht erkennt. Das ist auch das Gefährliche am selbstverständlichen Europa. Dabei versteht sich vieles von dem, was wir genießen, beileibe nicht von selbst. Es ist zum Beispiel überhaupt nicht selbstverständlich, dass wir Europäer ohne Grenzkontrollen in Europa unterwegs sind. Jüngere Menschen konnten sich schon gar nicht mehr an Grenzkontrollen am Brenner erinnern, wir älteren schon, jetzt leider wieder.

Die Grenzanlagen an vielen innereuropäischen Grenzen sind stille Zeugen einer Zeit, in der das Leben nicht nur räumlich deutlich eingeschränkter war. Sicher wirft diese Reisefreiheit auch neue Probleme auf. Aber sind diese groß genug, um die Schließung von innereuropäischen Grenzen wieder zu rechtfertigen? Ich glaube, kaum. Dank des friedlich geeinten Europas haben wir einen deutlich größeren räumlichen Lebensraum erhalten, viele Menschen bewohnen Europa als Europäer. Vor allem aber die, die in Grenzregionen leben, haben großen Gewinn davon. Das ist doch kostbar und schön. Das gilt es zu bewahren.

Bilden europaweit

Das Europa der Werte ist nichts Abstraktes. Auf Schritt und Tritt wird es eigentlich spürbar. Als wir nach Südtirol kamen, um ein Beispiel zu nennen, konnten wir ohne Probleme unsere zwei Kinder an staatlichen Schulen anmelden. Niemand stellte in Frage, dass uns dies zustehen würde. Mehr noch, wir waren wie in Deutschland und in anderen europäischen Ländern aufgefordert, der Bildungspflicht gegenüber unseren Kindern nachzukommen, und Institutionen und private Initiativen halfen uns dabei. Diese Bildungspflicht, in manchen Ländern auch die reine Schulpflicht, ist ein selbstverständliches Gut in allen europäischen Ländern. Schulen sind für alle da und zugänglich.

Die Staaten tun gut daran, dafür Verantwortung zu übernehmen, dass alle Heranwachsenden Zugang zur Bildung haben. In dem Streben, Bildung als ein Grundrecht einzuräumen, sind wir als Gesellschaften weit gediehen und sollten es unbedingt bleiben. Und Chancengleichheit unabhängig von der Herkunft des Einzelnen sollte dabei das immer wieder anzustrebende Ziel sein.

Wer einmal in Schulklassen als Unterrichtender gestanden hat, weiß, dass es Chancengleichheit nicht gibt. Sehr unterschiedlich sind die Voraussetzungen, die Kinder sozial und biologisch mitbringen. Das ist aber kein Argument dafür, diesen sozialen Grundwert der Chancengleichheit aufzugeben. Im Gegenteil: Ist er nicht eine Errungenschaft auch der Glaubensüberzeugung, dass letztendlich auch und zuerst vor Gott alle Menschen gleich sind?

Gleichheit

Auf den Spuren christlicher Werte in unserer europäischen Kultur möchte ich über Gleichheit sprechen. Alle Menschen sind grundsätzlich gleich zu achten, das ist doch auch ein universales Menschenrecht. Aber Gleichheit gibt es andererseits nicht. Immer und überall erleben wir schwächeres menschliches Leben und stärkeres. Darin findet sich leider Gottes keine sichtbare Gerechtigkeit. In der Nachfolge Jesu Christi ziemt es sich allerdings überhaupt nicht, die Schwäche des anderen als ein Gottesurteil auch noch zu rechtfertigen. Der ist halt schwach, weil Gott es so will. Das gab es und gibt es in jedweder verzerrten ideologischen Religion leider immer noch.

Deutschland kann davon ein besonders schrecklich Lied singen: Was fällt, muss gestoßen werden, hieß das bei Hitler. Wahnvorstellungen sogenannter völkischer Reinigung waren das. Nein und nochmals nein. In einem Europa in der Spur des zeitgenössischen Christentums und der Humanität muss uns der Satz Jesu leiten: Was du einem meiner geringsten Brüder getan hast, das hast du mir getan. Weltlich ausgedrückt: Die Menschenwürde kann und darf nicht angetastet werden, deswegen müssen wir das schwächere Leben nach allen Kräften schützen und unterstützen.

Das tun wir in unseren Sozialsystemen, in Kirchen und Initiativen und in unserem persönlichen Engagement. Und ja, immer wieder scheitern wir auch daran. Inklusion, Schwangerschaftsabbruch, Armutsbekämpfung, Seniorengesundheit, Sterbebegleitung – überall da müssen wir diskutieren und handeln. Hinter allem aber steht die unausweichliche Frage: Werden die Schwachen ausreichend geschützt?

Gleichheit – noch einmal

Mein Europa der Werte erlebe ich täglich. Zum Beispiel, wenn ich auf der Kinderstation im Krankenhaus bin und dort Eltern und Familien sehe, die sich gleichermaßen über neugeborene Mädchen wie über neugeborene Jungen freuen. Ihr Kind ist da, und das ist das Wichtigste. Dass Mädchen und Jungen den gleichen Stellenwert haben, ist auf der Welt überhaupt nicht selbstverständlich. In vielen Gesellschaften ist patriarchale Herrschaft, also die Herrschaft der väterlichen Linie in den Familien, an der Tagesordnung. Entsprechend ist es dort wichtig, Männer auf die Welt zu bringen, und belastend, wenn es Mädchen sind. Die Frau ist mehr oder weniger verfügbar für den Mann, sie hat dessen Willen zu folgen. Das bedeutet immer wieder auch schlimmes Leid für Mädchen und Frauen, vor allem aber permanente Benachteiligung.

Nun machen wir uns wiederum nichts vor: Das Frauenwahlrecht ist in vielen europäischen Ländern auch erst knapp über 50 Jahre alt. Gehaltsdifferenzen zwischen Männern und Frauen für die gleiche Arbeit sind in ganz Europa an der Tagesordnung. Grundsätzlich aber hat jede und jeder gleichermaßen das Recht auf individuelle Entfaltung. Dass dadurch das Leben nicht unbedingt leichter wird, wissen alle, die stetig versuchen, eine Ehe zu leben, in der das richtige Maß an persönlicher Freiheit und Bindung gelingt. Aber will jemand ernsthaft dahinter zurück? Nein, ein kostbares Gut, das es zu schützen gilt, ist diese Gleichberechtigung. Vor allem Frauen, die aus anderen Kontinenten einwandern, verstehen das.

Paulus schreibt im Brief an die Galater 3,28: „Ist jemand in Christus, so ist er eine neue Kreatur, da sind weder Jude noch Grieche, weder Sklave noch Freier, weder Mann noch Frau." Die Gleichheit aller Menschen, auch von Mann und Frau, wurzelt tief im christlichen Weltbild. Da haben auch wir Europäer etwas Entscheidendes weiterzugeben.

Religionsfreiheit

Neulich hörte ich jemanden gegen den Relativismus der Religionen wettern. Viel zu viel sei beliebig geworden. Man müsse unbedingt wieder die eine Wahrheit geltend machen.

Ich bin, ehrlich gesagt, froh, dass ich in einem Europa lebe, in dem weltliche Staaten das freie Recht auf Religionsausübung einräumen, dass Menschen verschiedenen Wahrheiten ihren Glauben schenken und darüber sprechen dürfen, dass ihnen dafür nicht Gewalt droht, solange sie nicht gewalttätig werden oder die Gesellschaft als solche unterwandern.

Das Protestantenpatent, das den Evangelischen in Tirol die Erlaubnis einräumte, sich zu versammeln und Kirchen zu bauen, ist erst 150 Jahre alt. Dies und andere freiheitliche Gesetze gehen davon aus, dass Religionen, auch die christliche, verhältnismäßig legitim sind. Man könnte auch sagen: ihre relative Berechtigung haben. Also kein Relativismus, aber relativ. Verhältnismäßig. Dass die absolute Wahrheit einer Religion ein ganzes politisches System rechtfertigt und offensiv prägt, das wird in Europa als keine Alternative mehr gesehen. Zu sehr ist im geschichtlichen Gedächtnis, wie der Glaube missbraucht wurde für Gewalt gegen Minderheiten. In dieser Hinsicht schützt religiöse Toleranz den Frieden.

Wie aber umgehen mit der Herausforderung, dass ausgerechnet die drei abrahamitischen Religionen Judentum, Christentum und Islam, die ja gemeinsame Wurzel haben im gleichen einen Gott, auch die Tendenz in sich tragen, ihren Glauben absolut zu setzen? Dieses Problem des aufgeklärten Europa hat schon Ephraim Lessing in der sogenannten Ringparabel versucht zu bearbeiten. Die drei Weltreligionen seien wie drei Ringe: Ein reicher Mann im Osten besaß einen Ring, der die geheimnisvolle Auswirkung hatte, „vor Gott und Menschen angenehm zu machen, wer ihn mit Zuversicht trug". Er hatte drei Söhne und vererbte jedem von ihnen einen Ring, der dem echten völlig gleich war, so dass keiner der Söhne wusste, wer den echten Ring besaß. Alle drei wurden von einem weisen Richter schließlich belehrt, jeder sollte so handeln, als wäre der echte Ring sein eigen: ‚Es eifre jeder seiner unbestochenen, von Vorurteilen freien Liebe nach!‘

Auch in Lessings Bild ist die Religion relativ, vorläufig. Wie Gott sich am Ende zeigen wird, weiß nur er allein.

Schwesterreligionen

Geschwisterreligionen des Christentums kann man Judentum und Islam nennen, alle drei sind Religionen vom Stamme Abrahams, wie die fünf Bücher Mose erzählen.

Europa ist stark von christlichen Werten geprägt, nun drängen Menschen vor allem aus muslimischen Ländern nach Europa. Wir müssen uns mit den Menschen dieser Schwesterreligion auseinandersetzen. Es geht kein Weg daran vorbei. Ich versuche mich des Öfteren zu befragen: Was sagt denn dieser muslimische Bruder, diese Schwester über mich, denn vieles von dem, was gesagt, gezeigt, vermittelt wird, sind auch Botschaften, die indirekt an uns gerichtet sind.

Zwischen Geschwistern, das weiß jeder, der welche hat, herrscht ja nicht immer nur Frieden, da geht es auch um Konkurrenz, Unterscheidung, Kräftemessen. Einer breitet sich aus, der andere wehrt sich. Alles ganz normal und auch nicht schlimm, wenn es gelingt, sich wieder zu vertragen, und wenn man weiß, wo die Grenze ist, den anderen gut leben zu lassen. Für friedliches Auskommen unter Geschwistern ist es auch gut, wenn es gelingt, anzunehmen, dass man verschiedene Wege geht und doch zur selben Menschheitsfamilie gehört.

Solcherart Geschwisterlichkeit unter den Religionen kann nur über ein tolerant gelebtes Judentum, einen tolerant gelebten Islam, ein tolerant gelebtes Christentum gelingen. Es setzt voraus, dass man sich mit dem anderen und sich selbst kritisch und konstruktiv auseinandersetzt. Für eine solche Auseinandersetzung einzustehen zugunsten der Toleranz, das ist unsere europäische Berufung.

Dabei werden sich nicht nur die anderen entwickeln müssen, das ist ja leicht gesagt. Wir alle haben den Auftrag, aufeinander zuzugehen. Üben wir uns darin, dass das bewahrt bleibt, was uns für das bürgerliche und demokratische Europa so wichtig ist, was wir immer wieder zu erreichen trachten sollten: Freiheit, Gleichheit und Brüderlichkeit.

MÜSSIGGEHEN

Nach-denken

Wer kennt sie nicht: durchwachte Nächte, in denen die Gedanken rotieren und nicht zur Ruhe kommen wollen, auch Nächte, in denen man nichts sehnlicher herbeiwünscht als den Schlaf, Nächte, in denen man ungeduldig auf den Morgen wartet, man endlich wieder aufstehen kann? War womöglich die letzte Nacht eine solche Nacht?

Ich kenne solche Nächte, nicht nur bei mir, sondern auch aus Erzählungen, vor allem von engagierten Menschen, die tagsüber viel Kopfarbeit leisten. Und meine Vermutung ist, dass es Menschen sind, denen tagsüber die Muße fehlt. Denn Muße ist notwendiger Raum zum Nachdenken über Erlebtes und zum Verarbeiten des Geschehenen. Wenn am Tag nicht nachgedacht werden kann, und zwar grundsätzlich und frei und mit Zeit über die Dinge, Aufgaben und Beziehungen, die

gewesen sind, dann raubt einem das Bedürfnis, nachzudenken, sogar die Nacht.

Nachdenken: Dieses Wort beschreibt ja bereits so wunderbar einfach, dass wir Geschehenes danach in Gedanken verfolgen müssen. Indem wir es in der Erinnerung
hin und her wenden, wird es erst Erfahrung. Weil wir
aber in der Kultur, in der wir leben, vor allem darauf ge-
trimmt sind, uns immer wieder aufs Neue, aufs Nächste
zu fokussieren, weil wir stets damit ringen, vor den auf
uns einprasselnden Impulsen und Anforderungen zu be-
stehen, bleibt uns oftmals wenig Zeit und Raum, unserer Welt nach-zu-denken. Dabei braucht es so dringend
absichtslose Zeiten, leere Räume im Kalender, dass
Muße entstehen kann. Solche Zeiträume wünsche ich
mir auch heute, damit ich in Ruhe nachdenken kann!
Ich hoffe, ich werde dafür sorgen können – und umso
besser die nächste Nacht schlafen.

Sorglos schön

„Sorget nicht, seht die Lilien auf dem Felde und die Vögel unter dem Himmel, sie säen nicht und sie ernten nicht, und der himmlische Vater ernährt sie doch" (Mt 5,25). Berühmt ist diese Passage aus der Bergpredigt. Sorget nicht – fordert uns da Jesus von Nazareth etwa dazu auf, das Säen und das Ernten zu lassen? Nicht ausdrücklich. Aber er lädt dazu ein, sich ein Beispiel zu nehmen am Urvertrauen, das der Natur innewohnt. Blumen und Vögel kennen, so scheint es, keine Sorge. Sie führen, jedenfalls vordergründig, ein Leben in Schönheit, sie sind einfach da und denken nicht an das Morgen.

Ein bodenständiger Bauer aus meiner Gemeinde hat mir einmal gesagt: „Ich lebe nicht um zu arbeiten, ich arbeite, um zu leben." Dazu gehört in der Tat, dass er sät und erntet. Das Leben wird ihm aber schwer, wenn er nur noch in Sorge versinkt, vorzusorgen und noch mal vorzusorgen. Mit seiner Äußerung machte mir der Landwirt deutlich, dass es auch noch einen anderen Teil des Lebens gibt, jenseits von Arbeit und Sorge. Das mußevolle Leben, auch das möchte er genießen.

Dass wir uns absichern wollen im Hinblick auf alle mögliche zukünftige Not scheint in unserer menschlichen Natur zu liegen. Es ist sinnvoll, kann aber zermürben. Deswegen sah sich Jesus wahrscheinlich auch schon damals von zu viel beunruhigt Sorgenden umgeben.

Er wusste allerdings auch, dass es hier auf der Erde nicht ohne Sorgen geht. „Sorget nicht für morgen, es ist genug, dass jeder Tag seine eigene Sorge hat." Ja, jedem Tag seine eigene Sorge, aber auch jedem Tag seine eigene Schönheit und Sorglosigkeit. Wie die Sorglosigkeit der Lilien und der Vögel. Gutes Mitgehen also mit den Vögeln und den Lilien heute!

Stillsitzen

Auf den historischen evangelischen Predigtkanzeln im Norden findet man immer wieder Sanduhren. Manchmal sogar vier nebeneinander, für jede Viertelstunde eine. Der Pfarrer hatte wirklich die amtliche Pflicht, eine volle Stunde zu predigen. Oje, bei dem Gedanken, jeden Sonntag eine volle Stunde lang predigen zu müssen, wird mir ganz anders. Die Brüder haben sicher auch vom Pferd erzählt, damals. Tatsächlich erläuterten Pfarrer in den sogenannten Aufklärungspredigten, wie man eine Kuh richtig zu melken habe. Den Gottesdienstteilnehmern war allerdings vermutlich weniger wichtig, was gepredigt wurde. Im Gegenteil: Tagträumen war angesagt. Gerade im ländlichen Raum waren die Sanduhren Garanten dafür, dass die bäuerliche Gemeinde, deren Leben von harter Arbeit geprägt war, wirklich eine Stunde lang nichts tun musste außer dazusitzen und zuzuhören. Der Gottesdienst war so nicht in erster Linie ein Dienst des Menschen für Gott, sondern ein Dienst Gottes an den Menschen. Mit Hilfe von Gottes Bodenpersonal wurde den Menschen eine Stunde Muße geschenkt. Viele schliefen ein dabei, wie man in Geschichtsdokumenten lesen kann.

Heute höre ich aus der Gemeinde oft Stimmen, die Ähnliches sagen: „Einmal in der Woche am Sonntag einfach nur einmal dasitzen und zuhören, die Gedanken schweifen lassen, das tut mir einfach gut." Ich glaube, wir müssten die Messe und den Gottesdienst noch mehr als Orte geistliche Muße pflegen; das brauchen wir dringender denn je. Und ich frage mich oft: Wie könnten wir unsere Feiern so verändern, dass wir diesem Bedürfnis des reizüberfluteten Menschen nach Muße noch mehr gerecht werden?

Es ist vermutlich auch das elementare Bedürfnis nach Ruhe, das beispielsweise das Meditieren im Zen so attraktiv für viele erscheinen lässt. Dabei haben wir diese Spur der Kontemplation doch auch in unseren christlichen Traditionen.

Es ist kein Zufall, dass sich hier die klösterlichen Traditionen der katholischen Kirche und die meditativen des Ostens seit ein paar Jahrzehnten intensiv getroffen haben. Es ist kein Zufall in dieser Welt, dass sich die Einkehrhäuser und Schweigewochen großer Beliebtheit erfreuen. Besonders bewundere ich aber all jene, die das zuhause schaffen. Für eine Zeit in Stille sitzen oder knien. Ist das nicht der Anfang eines jeden aufrichtigen Gebets, das von innen kommt?

Kaffeepause

Muße braucht Rhythmen, auch Rhythmen am Tage. Die kleine Kaffeepause am späten Vormittag gehört dazu. In einer Welt, in der sich vieles darum dreht, maximale Leistung aus dem Menschen herauszupressen, in einer Welt der sogenannten Flexibilisierung der Arbeitszeiten wird es immer schwerer, solche Rhythmen von Arbeit und Muße aufrechtzuhalten. Wir meinen, dem Ideal individueller Selbstbestimmung zu folgen, aber oft verlieren wir dabei unsere Fähigkeiten, Mußezeiten im Tagesablauf selbst zu bestimmen und einzuhalten. Das Ergebnis ist bekannt, zum Beispiel aus den amerikanisierten Teilen unserer Speisekultur: „Coffee to go!" Der Snack zum Mitnehmen. In Deutschland wird literweise Kaffee während des Arbeitens hinuntergestürzt. In Italien haben die Kaffeeautomaten mit den geschmacklosen Plastikbechern an den Arbeitsplätzen Einzug gehalten. Das ist das Gegenteil kurzer, aber gelingender Muße im Getriebe der Arbeit. Dabei hat gerade Italien so eine wunderbare, in die ganze Welt exportierte Kaffeepausen-Kultur, von der allerdings nur die Maschinen übernommen zu werden scheinen.

Auf dem Weg zu meiner Kaffeepause im Cafe trete ich vor die Tür. Ich nehme für einen Moment echten Abstand von meinem Arbeitsplatz und spüre sofort: Ich bin nicht nur meine Arbeit. Ich gehe an die Bar. Ich muss nicht reden, kann aber mit einem lieben Kollegen, einem anderen Menschen über etwas reden, was gar nichts mit der Arbeit zu tun hat. Ich kann auch einfach verträumt in die Tasse schauen. Nicht ich muss etwas vorbereiten, sondern der Barista bereitet etwas für mich. Etwas Kleines, aber Wertvolles. Ich erschrecke nicht, wenn er den alten Kaffeesatz mit einem lauten Schlag ausleert. Ich bin ganz entspannt und in stiller Vorfreude. Er wird's schon machen. Es ist doch herrlich, mit wie viel Würde er dieses Amt ausübt, je weiter man gen Süden kommt. Seine Würde wirft Licht auf die Würde meiner Muße. Jetzt wird nicht hektisch hinuntergestürzt, sondern geschaut, umgerührt, Zuckertütchen geschüttelt. Und dann …

Nur ein Beispiel für Muße im Alltag, für schöne Muße, die wir verteidigen, die wir uns genehmigen sollten.

Teestunde

Beinahe mehr noch als mit dem Kaffee ist mit dem Tee die Idee einer täglichen kleinen Muße verbunden, jedenfalls in der englischen und der asiatischen Kultur. So erzählt eine buddhistische Legende, der erste Tee sei entstanden, als ein meditierender Mönch vor einer Schale heißen Wassers unter einem Baum saß. Da sei ein Blatt vom Baum in die Tasse gefallen. Man sieht das Blatt förmlich vor dem inneren Auge lautlos hinunterschweben und geräuschlos und ohne großen Wellenschlag das Wasser berühren, dann langsam sich vollsaugen und sinken. Muße zu genießen heißt eben auch, im Moment nicht überall gleichzeitig zu sein, sondern ganz bei den nutzlosen Dingen zu sein, wie bei einer heißen Tasse Tee beispielsweise.

Diese gepflegte Aufmerksamkeit, ganz bei den einfachen Dingen zu sein, macht auch das Geheimnis östlicher Teezeremonien aus. Der Tee verlangsamt dabei noch mehr als der Kaffee den Zeit- und Betätigungsfluss. Erst muss er schließlich ziehen, bevor man ihn genießen kann. Heißt es nicht sprichwörtlich auch: Abwarten und Tee trinken?

Ein chinesischer Dichter namens Ch'asu hat im 16. Jahrhundert geeignete Augenblicke zum Teetrinken zusammengestellt, die ich in ihrer schlichten Schönheit wiedergebe:

Augenblicke zum Teetrinken.
Wenn Herz und Hände untätig sind.
Wenn man müde ist nach dem Lesen von Gedichten.
Wenn man in seinen Gedanken gestört ist.
Wenn man Liedern und Melodien lauscht.
Wenn ein Lied zu Ende gesungen ist.
Wenn man an einem Feiertag allein im Hause weilt.
Mitten in der Nacht, in ein Gespräch vertieft.
Vor einem klaren Fenster und einem sauberen Schreibplatz.
Bei der Rückkehr von einem Besuch bei Freunden.
Wenn der Tag klar ist und die Brise mild.
In einem bemalten Boot nahe einer kleinen Holzbrücke.
Wenn man in einem kleinen Arbeitszimmer Weihrauch entzündet hat.
Wenn die Kinder in der Schule sind.
In einem stillen abgeschiedenen Tempel.
In der Nähe berühmter Quellen und pittoresker Felsen.

500 Jahre alt ist dieser Text, und er spricht immer noch. Gute Momente des Innehaltens am Tag, mit und ohne Tee!

Abendsegen

Abstand zu allen Dingen zu gewinnen, das ist gar nicht so leicht. Dabei tut doch Abstand zum Alltäglichen, zu den großen Problemen der Welt und meinen kleinen oder auch größeren Schwierigkeiten gut. Abstand gibt Freiheit für den nächsten Schritt, den nächsten Tag. Wie aber bekommt man Abstand?

Durch Wundern zum Beispiel. Neulich hab ich mich wieder gewaltig gewundert. Ich habe einem Astrophysiker zugehört, der über das Universum sprach. Er hat beschrieben, wie die Planeten und die Sonnensysteme auseinanderrasen, während wir hier so ruhig dasitzen. Wie Sonnen entstehen und verglühen. Und wie wir Teil dieser gigantischen Bewegung sind. Nach dem Ende gefragt, sagte er, eines Tages würde das Universum eine Art Kältetod sterben, alles würde wie einfrieren, zum Stillstand kommen. Es gäbe da nur diesen großen Sog aus dem, was man Anti-Materie nennen könnte. Unbegreiflich, verwunderlich.

Wie ist das möglich, dass in einem schier unendlichen Raum voller Geröll und Leere dieser kleine, blaue Planet namens Erde existiert, mit hochkompliziertem, äußerst buntem Leben darauf? Wie kann es sein, dass wir unser Leben sogar als sinnvoll erfahren und dabei Teile von dieser großen Welt begreifen? Und doch gibt es so unglaublich vieles, was wir nicht erfassen. Ein Wunder.

Ich will nicht vom großen Nichts, ich will von Gott im Universum ausgehen, von einem Sinn, der alles überschreitet und alles zusammenhält. Das fällt auch gar nicht schwer, wenn wir uns erst über die Schönheit und die Erhabenheit allen Seins wundern.

So sieht es auch der Sänger von Psalm 8: „Wenn ich sehe die Himmel, deiner Hände Werk, Mond und Sterne, die du gemacht hast, was ist der Mensch, dass du seiner gedenkst, und was ist des Menschen Kind, dass du dich seiner annimmst?" Eine solche Frage, gen Himmel geworfen, kann Abstand geben. Aber Abstand ist der menschlichen Seele nicht immer angenehm. Das undurchsichtige Universum kann auch ängstigen, wie manchem Kind die Finsternis Angst macht, die abends ins Zimmer kriecht. Ein Gute-Nacht-Lied erzählt von der Geborgenheit, die Gottes weiter Himmel dennoch zu schenken vermag. Gerne singe ich es meinem Sohn vor, meine Eltern haben mir bereits mit diesem Lied Geborgenheit in der Weite geschenkt:

„Eh ich mich niederlege, vom Tage müd' gemacht, schau ich noch einmal gerne hin in die dunkle Nacht. Die Sterne gehen stille die großen Bahnen hin, und nur der ew'ge Wille, der weiß um ihren Sinn, und geh in meine Kammer und lösch das Lichtlein aus und bin mit Mond und Sternen im großen Vaterhaus."

ERNTEDANK

Erntesegen

Die Ernte wird einfahren in diesen Tagen, viele Äpfel sind bereits gepflückt, auch Anhänger voller Trauben rollen durchs Land. Es wird Herbst. Hier und da liest man in der Zeitung, dass es nun doch wieder eine gute Ernte gegeben hat. Im Sommer gab es aus berechtigten Gründen Gejammer. Die Wiesen trockneten nicht durch. Die Essigfliege griff an und so weiter. All dies scheint mir manchmal wie ein Ritual zu sein. Ein Ritual, das sich jedes Jahr wiederholt. Wie kommt das?

Bei aller technischen Beherrschbarkeit, die die Landwirtschaft heute erreicht hat, gibt es am Ende immer noch den „Unberechenbarkeitsfaktor" Natur. Vor allem das Wetter ist zwar schon ganz gut vorauszusehen, aber nicht zu beeinflussen, und es ist seit Jahren wechselhafter denn je. Ein befreundeter Landwirt sagte mir einmal, man müsse als Bauer auch etwas von einer Spielernatur haben: gut denken, genau auf die Signale der Natur achten und das Richtige im richtigen Moment beherzt tun. Das Risiko, es gehöre dazu.

Damit ist auch die Landwirtschaft ein Bild fürs Leben allgemein und auch ein Feld, ein Ort, um Gottes Hilfe, um seinen Segen zu bitten. Wenn wir uns vergegenwärtigen, dass wir am Ende doch nicht alles in der Hand haben, beginnen wir dann nicht auch nach Gott zu fragen?

Jener befreundete Landwirt hat zum Glück auch einen lebendigen Glauben. Jedes Mal, wenn er den bestellten Acker verlässt, betet er: Bei Sonne und bei Regen sende Gott seinen guten Vatersegen! Für welchen meiner Lebensäcker will ich heute Gott um seinen Segen bitten?

Gesegnete Mahlzeit

Gesegnete Mahlzeit – dieser Gruß zu Tisch wird zum Frühstück selten gesagt, hin und wieder ist er zum Mittag zu hören. Das ist eigentlich ein Glaubenszeichen. Wenn Handwerker das „Mahlzeit" mit gedehntem A brummeln, dann schwingt das „gesegnete" noch mit. Es ist wohl das häufigste Segenswort, das im Alltag noch breit verwendet wird.

Ich muss an die Segensgeste besonders samstags denken, am Sabbat. Jesus von Nazareth, der Jude, hat sie über Brot und Wein des Sedermahls, des Sabbatmahls am Ende der Woche, vollzogen. Die segnende Hand wird über dem Essen erhoben. Das „gesegnete Mahlzeit" der Juden lautet bis heute: „Gepriesen bist du, HErr, unser Gott, König des Himmels, denn du hast die Frucht des Weinstocks geschaffen. Gepriesen bist du, HErr, unser Gott, König des Himmels und der Erde, der du die Früchte der Erde geschaffen hast."

Wer sich gesegnete Mahlzeit wünscht, der hält für einen Moment die Welt an über Speise und Trank. Er sieht hin auf das Geschenk, das wir im täglichen Essen haben. Das konnte Jesus von Nazareth sogar noch in der kritischen Situation seines letzten Abendmahls mit seinen Jüngern tun. Bei allem, was kommen sollte, Lob für Gott und Dank für die Speise seiner Schöpfung, das hat Sinn vor jeder neuen Mahlzeit.

Ich habe in letzter Zeit immer wieder ein lustiges und merkwürdiges Tischritual beobachten können: Menschen, die ihr Essen mit dem Handy fotografieren, bevor sie zuschlagen. Ach könnten wir doch dieses Bild des Glücks und der Vorfreude auf GodsApp zu ihm hinaufschicken!

SEGNEN

Segnen von Mensch zu Mensch

Am Ostersonntag im letzten Jahr stand eine Frau nach dem Gottesdienst in unserer Kirchentür. Hatte sie sich zwischen den Kirchen im Viertel verlaufen? War sie zu spät zum Gottesdienst gekommen? Ich weiß es bis heute nicht. Ich wusste nur, was sie von mir wollte, so viel Italienisch konnte ich: Dass ich die gefärbten Eier segne, die sie mir entgegenhielt, das war ihr größter Wunsch.

Gegenstände segnen, Eier, Kräuter, Adventskränze, Räume und Häuser segnen. Das alles gehört – neben dem Segnen von Menschen – zur Praxis katholischer und orthodoxer Kirchen. Meine orthodoxen Amtsbrüder sind nach dem 6. Januar immer auf einer großen Rundreise. Die Gläubigen wünschen sich die Segnung *aller* Räume in ihren Häusern und Wohnungen. Das gehört für sie unbedingt dazu. Es kann bei großen Häu-

234

sern durchaus zur sportlichen Übung werden, wie mir ein orthodoxer Priester einmal sagte, treppauf, treppab, durch jedes Zimmer.

Demgegenüber ist die evangelische Tradition wieder schlicht. „Es tut mir leid, ich werde die Eier nicht segnen", sagte ich der Frau. „Das machen wir Evangelischen nicht. Wir segnen nur Menschen, möchten Sie, dass ich Sie segne?" Nach kurzem Zögern nickte sie. Wir neigten unsere Köpfe zueinander und ich legte ihr die Hand auf und sprach segnende Worte. Da sah ich, wie Tränen der Rührung über ihr Gesicht auf die Eier rannen, die sie vor sich hielt. Dankbar zog sie ihrer Wege. Wie gut, dass wir alle als Christen Menschen segnen können!

Um Segen ringen

Manchmal ringen wir mit unserem Leben. Heute vielleicht mit diesem Tag, mit dem Aufstehen. Gerade wenn man vermutet, dass heute womöglich etwas Unangenehmes auf einen zukommen könnte. Wir ringen mit unserer Arbeit, den Anforderungen und immer neuen Eindrücken, denen wir uns im Alltag stellen müssen. Manchmal ringen wir auch mit den Menschen um uns herum, mit unserer Familie und Freunden. Und oft ringen wir doch auch mit uns selbst und unseren Fragen und Ängsten, unseren Vorstellungen von einem gelingenden Leben. Wenn ein langersehntes Ziel nicht in Erfüllung geht, eine Beziehung zerbricht oder der beruflich eingeschlagene Weg sich doch als Irrweg entpuppt. Und gerade in diesen Situationen ringen wir auch mit Gott.

Das Ringen mit Gott ist der Bibel nicht fremd. Da ist die Erzählung von Jakob (Gen 32). Eine ganze Nacht kämpft er mit einem Fremden – ein Engel, Gott – am Jabbok-Fluß in knietiefem Wasser, allein. Bei Sonnenaufgang will der Mann sich entreißen, doch Jakob lässt ihn nicht los: „Ich lasse dich nicht, du segnest mich denn!" Eine merkwürdige altertümliche Formulierung. Sie könnte so viel heißen wie: „Ich lasse dich nicht los. Nicht, bevor du mich segnest!" Und tatsächlich,

Jakob gewinnt. Er wird gesegnet, er, der in dieser Nacht mit Gott gerungen hat.

Jakob kämpft mit Gott und wird gesegnet. Ein eher überraschendes Ende? Meine Erfahrung ist: Nicht selten gibt es das. Da erfährt jemand in einer Situation des Haderns und Ringens plötzlichen Segen. Sicher gehört das Ringen mit Gott zum Glauben dazu. Die Erzählung ermutigt, dranzubleiben, wie Jakob es getan hat. Wer dranbleibt an Gott, auch im Ringen und Hadern mit ihm, der behält seine Erwartung offen für den Segen, den er spendet – oft gerade dann, wenn wir ihn am wenigsten erwarten. Mancher Segen muss offensichtlich erkämpft sein.

Kindersegen

Kann es sein, dass man früher mehr Grund hatte, vom Kindersegen zu sprechen als heute? Die Welt hat sich gewandelt. Früher bedeutete ein Haus voller Kinder reichen Kindersegen. Die Zeit, dass wir ungebrochen daran glaubten, dass viele Kinder Wohlstand in die Familien bringen, ist allerdings in Europa schon lange vorbei. Die Zeit, dass die Ehe vor allem ein Institut zur Fortpflanzung war, das neue kleine Gläubige hervorbringt, gehört auch der Vergangenheit an. Jetzt scheint das Pendel in die andere Richtung auszuschlagen. Viele Paare mühen sich sehr, Kinder zu bekommen, in einer Arbeits- und Lebenswelt, die nicht kinderfreundlich ist. Die sogenannten Kinderwunschkliniken haben Konjunktur. Ein Kind zu zeugen und zu gebären ist im medizinisch-technischen Zeitalter am Ende völlig entzaubert. Und doch – ganz in der Hand haben wir es, sollte ich sagen: Gott sei Dank, nicht. Es bleibt dieser große Moment des Schwangerenglücks, wenn „etwas" unterwegs ist. Die Enttäuschung, so scheint mir, ist in aller Anstrengung oftmals umso größer.

Arm ist unsere Gesellschaft in dieser Fixierung auf die unbedingt eigenen Kinder. Sind Kinder zu sehr etwas geworden, das wir besitzen wollen? Das uns allein Lebenssinn gibt und Aufgabe?

Jesus hatte keine Kinder, und doch hatte er viele Kinder. Ich lese die Geschichte von der Kindersegnung. Kinder drängten zu ihm, aber die Jünger schimpften mit ihnen. „Das ist hier nichts für euch." Jesus hingegen: „Lasset die Kinder zu mir kommen und wehrt sie nicht ab, denn ihrer ist das Himmelreich" (Mk 10). „Und er legte die Hände auf sie und segnete sie", schließt die Geschichte.

Kindersegen kommt uns auch in anderen Kindern entgegen. Wir können auch für solche Kinder ein Segen sein, die nicht aus eigenem Fleisch und Bein sind, als Lehrerin und Tagesmutter, als Sporttrainer und Leih-Oma. Immer wieder fehlen Pflegefamilien. Sollte sich das nicht ändern? Hut ab vor allen, die sich dieser Aufgabe stellen. Kindersegen ist für alle möglich.

Wandersegen

„Ich will dich segnen, und du sollst ein Segen sein!"
(Gen 12,2). – Mit diesen Worten schickt Gott den
Stammvater Abraham auf seine Auswanderungsreise.
Es wird im Ersten Testament berichtet, dass Abraham
aufbricht mit seinem Hab und Gut, seiner Familie und
seinen Tieren, um eine neue Existenz an einem anderen Ort zu gründen. Ein Traumland schwebt ihm vor.
In der Nacht vor dem Aufbruch tritt er vor die Tür.
Er schaut in den Sternenhimmel und wird dieser göttlichen Stimme gewahr: „Ich will dich segnen, und du
sollst ein Segen sein."

Mit großen Utopien von einem gelobten Land sind auch
viele Menschen aus Afrika aufgebrochen gen Norden
nach Europa und tun es noch. Riesige Illusionen haben
sie oft, dass Europa ein Land sei, in dem Milch und
Honig fließt. Dieser Ausdruck kommt übrigens auch
aus der Verheißungsgeschichte an Abraham im Ersten
Testament. U-Topos, Utopie heißt „Nicht-Ort". Was
utopisch ist, hat noch keinen Ort in der Wirklichkeit.

Letzte Woche hat einer der jungen afrikanischen Männer, die unserer Gemeinde angewachsen sind, Geburts-
tag gehabt. Seinen zwanzigsten. Ich fragte, ob er ein
wenig feiere. Er wirkte traurig, als ob er kein Grund zu

feiern hätte. Es ist für ihn offensichtlich kein Glückstag. Weit weg von seiner Familie, desillusioniert und mit wenig Hoffnung. Er ist gerne in der Gemeinde, weil er hier ein Segen sein kann. Er hilft uns über ein Jahr ehrenamtlich. Denn nichts ist diesem jungen Menschen eigentlich wertvoller, als ein Segen sein zu können.

Seine WhatsApp ID hat mich berührt. „The prayer of my mother keeps me going." Das Gebet meiner Mutter lässt mich weitergehen. Seine Mutter handelt in Gottes Auftrag in schwierigen Zeiten: „Ich will dich segnen, und du sollst ein Segen sein."

Trausegen

Die Saison der evangelischen Gästetrauungen geht langsam zu Ende. Wo die Liebe hinfällt! Die globalisierte Welt bringt internationale Liebesgeschichten hervor. Er aus Lübeck und sie aus Brüssel, sie aus Boston und er aus Hamburg, er aus Rom und sie aus Düsseldorf.

Als Kirchen bekommen wir das globale Dorf auch so hautnah zu spüren. Destination wedding nennen die Engländer das, heiraten am Reiseziel. Nun könnte man als Pfarrer sagen: Geht doch heim in eure Heimatgemeinden. Aber selbst da wird es schon schwierig. Wo ist denn bitte meine Heimatgemeinde? Ich lebe doch erst seit einem dreiviertel Jahr in Paris. Formalrechtlich bekommen wir das dann miteinander heraus, aber ob sie sich da wirklich jemals heimisch fühlen werden?

Oft möchte ich nicht tauschen mit diesen jungen Paaren, so attraktiv ihr Lebenswandel auf den ersten Blick auch scheinen mag, so gestresst wirken sie selbst bei der Planung des sogenannten schönsten Tags im Leben. Deswegen – bin ich überzeugt – brauchen sie das, wonach sie suchen, in der Kirche umso mehr. Sie alle kommen, weil sie eines wollen: Sie wollen den Segen Gottes!

Und wenn ich dann mit Hilfe eines biblischen Wortes auf Leben und Glauben schaue und nur irgendeinen Zipfel ihres Lebensgewebes zu fassen bekomme, dann kann man zuweilen eine Stecknadel fallen hören, weil alle die Ohren spitzen, weil auch die Getriebenen, erst recht die Getriebenen, Wurzeln brauchen, und wenn es die Wurzeln im Himmel sind.

Sie sollen sie haben. Dafür steht der Segen.

Benedicere

Benedicere, das Wort bringt selbst wunderbar zum Ausdruck, wie man Segen verstehen kann. Denn: einen Menschen gut zu sagen, gut zu sprechen heißt das eigentlich. Jemanden gut zu sagen, ist das Gegenteil davon, jemanden schlecht zu reden. All diese Ausdrücke wissen um die Kraft der Sprache, davon, dass das geht: Er wird hochgelobt. Sie wird schlechtgeredet.

Heißt das umgekehrt: Wenn ich über die Welt, meinen Nachbarn, die Politik und das Leben gut spreche, bringe ich Segen? Ich glaube, ja. Das ist etwas anderes, als sich die Dinge schönzureden. Segnen, benedicere, heißt: die guten Dinge zu sehen und zu nennen.

Ich habe einmal Angehörige in schwerer Trauer zu einem Sterbenden auf der Intensivstation begleitet. Nachdem alle medizinischen Versuche, dessen Leben zu retten, gescheitert waren, klagte und weinte die Witwe heftig und die Familie mit ihr. Anschließend kam es noch einmal zu einem Gespräch mit dem Arzt. Da hörte die Frau nicht auf, vom Personal auf der Station, vom Krankhaus, von der Rettungskette, ja von der ganzen medizinischen Hilfe zu schwärmen und sie in den höchsten Tönen zu loben. „Stimmt's, Doktor", dachte ich so bei mir, „das geht jetzt runter wie Öl! Solche Momente entlohnen dich für deine harte Arbeit." Heute würde ich sagen, eigentlich hat sie ihn gesegnet. „Auch wenn beinahe nichts gut ist in diesem Moment der Trauer, du, ihr habt es sehr gut gemacht!", hat sie gesagt.

Benedicere, gutsagen. Wem will ich heute Gutes im Segen sagen?

Aarons Segen

Bei euch ist alles so nüchtern, sagte mir neulich ein katholischer Bekannter im Hinblick auf evangelische Gottesdienste. Wir Protestanten sind gegenüber unserer katholischen Schwesterkonfession und den Orthodoxen ein Stück ärmer an Liturgie. Die Reformation legt eben bis heute das Augenmerk auf die Predigt, die Auslegung der Heiligen Schrift im Gottesdienst. Das heißt nicht, dass evangelische Christen nicht auch wert legen auf Liturgie. Eine liturgische Geste hat dabei eine herausragende Stellung: der Segen am Schluss des Gottesdienstes. Auch nächsten Sonntag werde ich wieder beide Hände am Ende der Feier auf Schulterhöhe erheben, die Handflächen zu den Menschen gerichtet, wie eine Sendestation um Gottes Willen, könnte man vielleicht sagen, und ich werde den alttestamentlichen Segen sprechen. Er ist uralt, von Aaron, dem Bruder des Mose, überliefert. „Der Herr segne dich und behüte dich, der Herr lasse leuchten sein Angesicht über dir und sei dir gnädig, der Herr erhebe sein Angesicht auf dich und gebe dir Frieden" (Num 6,24–26).

Zum Segen stehen wir auf, einige Menschen blicken nach vorne zu mir, einige schließen die Augen und fühlen und hören in sich hinein. Viele sagen: „Das ist der wichtigste Moment für mich im Gottesdienst. Da hol ich mir Kraft für die Woche."

246

Es ist schlüssig, dass dann alle auseinanderströmen. Denn dichter als in diesen Worten kann das spirituelle Geschehen im Gottesdienst nicht mehr werden.

Um noch einmal das etwas saloppe Bild vom Sendemast zu bemühen: Nicht wir sind es, die segnen, das macht der Konjunktiv deutlich „der Herr segne dich". Das Signal kommt von Gott. Er möge segnen durch uns hindurch. Wir können ihn nur darum bitten, seinen Segen zu gewähren. Aber Er braucht uns, dass wir ihn einander zusagen. Das Wort muss eben auch hier Mensch werden. Mut also fassen, einander zu segnen, in unserer häusliche Welt und draußen, das heißt: Bitten, dass Er uns segne.

EWIGKEITSSONNTAG

Das Zeitliche segnen

Der Segen ist als religiöses Wort noch nicht ganz aus unserer Alltagssprache verschwunden. Wir wünschen uns gesegnete Mahlzeit und gratulieren zum Kindersegen. Auch am Ende des Lebens kommt der Segen zur Sprache. Wie lange wird man es noch sagen: „Er hat das Zeitliche gesegnet"?

Das Zeitliche segnen. Das möchte ich eigentlich auch am Ende meines Lebens können. Die Lebenszeit segnen können, auf die ich dann hoffentlich zurückschaue. Es wird nicht alles schön gewesen sein, es wird nicht alles einfach gewesen sein, und doch möchte ich einstimmen in den Satz, mit dem Gott selbst die Welt betrachtete am Anfang aller Dinge. Er lautet: „Und er sah, dass es gut war."

Von pflegenden Angehörigen oder Berufstätigen höre ich immer wieder auch über Menschen, wenn sie dem Tode nahe sind: „Er kann noch nicht loslassen." Kann es sein, dass Menschen nicht sterben können, weil es ihnen noch nicht gelingt, das Zeitliche zu segnen? Es gut zu sprechen? Das ist ja wahrlich auch gerade dann nicht leicht, wenn man Schlimmes erlebt oder getan hat.

Deswegen gehören Vergebung, Versöhnung und Hoffnung so grundlegend zum Abschied aus dem Leben dazu. Noch einmal das Kind in den Arm nehmen, das man so lange nicht gesehen hat. Noch einmal den Bruder sprechen, mit dem über Jahre Funkstille herrschte. „Find uns bereit, mit unserem Leben Hand in Hand das Zeitliche zu segnen", dichtete der Pfarrer Friedrich Karl Barth in einem seiner vielen guten Lieder. Fang ich also jeden Tag an, dem endlichen Leben meine Hand zu reichen, dann werde ich eines Tages bereit sein für die große Reise. Segne auch du deine Zeit!

Im Segen gedenken

Was bleibt, wenn ich gehe? Vielleicht keine Frage für die erste Tasse Kaffee am Morgen, ganz sicher aber eine Frage für die zweite Lebenshälfte. Was bleibt, was will ich hinterlassen, wenn ich diese Erde verlasse? Alles nur ein Haschen nach Wind oder doch ein wenig Leben zum Guten? Manch einer mag sagen: „Ich hoffe, ich konnte ein bisschen segensreich wirken. Es wäre schön, das würde nicht vergessen." Sprüche 10,7 fasst diesen Gedanken einfach so: „Das Andenken des Gerechten bleibt im Segen." Fremdes Deutsch! Ich versuche zu übersetzen: Dort, wo man an der Gerechtigkeit der Welt ein kleines Stück mitgetan hat, bleibt man im Raum des göttlichen Segens, auch wenn man stirbt. Gut und gerne erinnern sich die Nachkommen und wollen dem Vorfahren nachfahren. Das Gedenken des Gerechten bleibt im Segen.

Wo der Erinnernde wahrnimmt, was Gerechtigkeit ist, wird auch er Segensreiches weiter in die Zukunft tragen. Darin nehme ich selbst als evangelischer Christ Heilige positiv wahr. Heiliggesprochen, das betont der reformatorische Glaube, sind wir vor allem durch das Liebeswerk Christi. In der Hinsicht wiederum sind wir gerecht durch seine Gnade. Seligsprechung erlebe ich aber auch bei jeder Trauerfeier, an der die Kinder

der Verstorbenen sagen können: „Sie war *immer* für uns da. Er hat uns immer sehr geliebt." Total übertrieben, maßlos unrealistisch, aber großzügig segnend gerecht gesprochen wird der Toten so gedacht.

„Das Andenken des Gerechten bleibt im Segen." Trotz aller Fehler und allen Versagens. Der Segensraum ist offen zur Ewigkeit hin. Wir können ihn mit Andenken füllen.

VON DEN GEHEIMNISSEN

„Dafür halte uns jedermann, für Diener Christi und Haushalter der Geheimnisse Gottes. Nun fordert man nicht mehr von den Haushaltern, als dass sie für treu befunden werden" (1 Kor 4,1).

Manchmal treffe ich Menschen, die sagen: „Nein, über meinen Glauben kann und will ich nicht sprechen. Das ist mir zu intim." Etwas persönlich über Gott sagen zu müssen scheint für viele immer wieder schwer. Aber liegt das nicht auch daran, dass Gott ein Geheimnis ist und bleibt? Dass sein Wesen Geheimnis ist?

Wenn wir an den Kern des heiligen Lebens gehen, dann fehlen uns oft die Worte. So ist das ja auch mit dem Reden über die Liebe. Das hat nichts mit Geheimniskrämerei zu tun, sondern schlicht damit, dass wir von Dingen zu reden versuchen, über die zu reden immer grenzwertig ist. Wir entscheiden dann intuitiv: Hier ist es jetzt besser, mit Reden aufzuhören und einfach nur zu schweigen, zu staunen, da zu sein vor dem großen Geheimnis.

Was hieße es denn, so Gott als Geheimnis zu hüten? Haushalter der Geheimnisse Gottes zu sein und sie Geheimnisse sein zu lassen. „Was tust du Christ eigentlich, warum liest du in der Bibel? Warum betest du?" „Ich versuche das Geheimnis Gottes für mich zu bewahren."

Viel mehr Menschen tun das wahrscheinlich, als wir gemeinhin wahrnehmen. Das ist ja das Wesen des Geheimnisses, dass es nicht immer sichtbar ist. Auch dort, im Geheimen, wirkt der Geist Gottes.

Der Gedanke von Gott als dem Geheimnis schlechthin wirft ein kritisches Licht auf jeglichen Bekenntnis- und Veröffentlichungszwang des Glaubens. In der Hinsicht ist unsere Konfession sehr zurückhaltend. Wir haben wenig Kultur, persönliches Zeugnis abzulegen, wir sind skeptisch gegenüber jenen, die allzu schnell bekennen. Das finde ich an sich gut.

Wir müssen aber trotzdem wagen, auch davon zu sprechen, dass Gott das größte Mysterium von allen ist, mit dem wir leben. Versuchen wir, eben genau mit diesem Geheimnis hauszuhalten. Das heißt nicht nur, zu sparen. Das heißt, es zu nennen und zu bezeichnen, es zu zeigen und hervorzuheben durch den, der dieses Geheimnis für uns offenbart hat, Jesus Christus. Das offene Geheimnis soll wachsen im Liebe, Glaube und Hoffnung. „Dafür halte uns jedermann, für Diener Christi und Haushalter der Geheimnisse Gottes."

Bibliografische Information der Deutschen Nationalbibliothek

Die Deutsche Nationalbibliothek verzeichnet diese Publikation in der Deutschen Nationalbibliografie; detaillierte bibliografische Daten sind im Internet über ‹http://dnb.d-nb.de› abrufbar.

1. Auflage 2018
© 2018 Echter Verlag GmbH, Würzburg
www.echter.de

Umschlag: waterproof grafikdesign (Foto: gettyimages)
Innengestaltung: Crossmediabureau – http://xmediabureau.de
Illustrationen: Caroline von Pflug
Druck und Bindung: CPI-books, Clausen & Bosse, Leck

ISBN 978-3-429-05313-0